中国非洲研究院文库·中国脱贫攻坚调研报告

主 编 蔡昉

中国脱贫攻坚调研报告

——喀什篇

RESEARCH REPORTS ON THE ELIMINATION OF
POVERTY IN CHINA

—KASHGAR PREFECTURE, XINJIANG UYGUR
AUTONOMOUS REGION

邓延庭 著

中国社会科学出版社

图书在版编目（CIP）数据

中国脱贫攻坚调研报告. 喀什篇／邓延庭著. —北京：中国社会科学出版社，
2020. 5

（国家智库报告）

ISBN 978 - 7 - 5203 - 7030 - 1

Ⅰ.①中…　Ⅱ.①邓…　Ⅲ.①扶贫—调查报告—喀什地区　Ⅳ.①F126

中国版本图书馆 CIP 数据核字（2020）第 159540 号

出 版 人	赵剑英
项目统筹	王　茵
责任编辑	李海莹
责任校对	王佳玉
责任印制	李寡寡

出　　版	中国社会科学出版社
社　　址	北京鼓楼西大街甲 158 号
邮　　编	100720
网　　址	http://www.csspw.cn
发 行 部	010 - 84083685
门 市 部	010 - 84029450
经　　销	新华书店及其他书店

印刷装订	北京君升印刷有限公司
版　　次	2020 年 5 月第 1 版
印　　次	2020 年 5 月第 1 次印刷

开　　本	787 × 1092　1/16
印　　张	9.75
插　　页	2
字　　数	105 千字
定　　价	58.00 元

充分发挥智库作用
助力中非友好合作

——"中国非洲研究院文库"总序

当今世界正面临百年未有之大变局。世界多极化、经济全球化、社会信息化、文化多样化深入发展，和平、发展、合作、共赢成为人类社会共同的诉求，构建人类命运共同体成为各国人民共同的愿望。与此同时，大国博弈激烈，地区冲突不断，恐怖主义难除，发展失衡严重，气候变化凸显，单边主义和贸易保护主义抬头，人类面临许多共同挑战。中国是世界上最大的发展中国家，是人类和平与发展事业的建设者、贡献者和维护者。2017年10月中共十九大胜利召开，引领中国发展踏上新的伟大征程。在习近平新时代中国特色社会主义思想指引下，中国人民正在为实现"两个一百年"奋斗目标和中华民族伟大复兴的"中国梦"而奋发努力，同时继续努力为人类作出新的更大的贡献。非洲是发展中国家最集中的大陆，是维护世界和平、促进全球发展的重要力量之一。近年来，非洲在自主可持续发展、联合自强道路上取得了可喜进展，从西方眼中"没有希望的大陆"变成了"充满希望的大陆"，成为"奔跑的雄狮"。非洲各国正在积极探索适合自身国情的发展道路，非洲人民正在为实现《2063年议程》与和平繁荣的"非洲梦"而努力奋斗。

中国与非洲传统友谊源远流长，中非历来是命运共同体。中国高度重视发展中非关系，2013年3月习近平担任国家主席后首次出访就选择了非洲；2018年7月习近平连任国家主席后首次出访仍然选择了非洲；6年间，习近平主席先后4次踏上非洲大陆，访问坦桑尼亚、南非、塞内加尔等8国，向世界表明中国对中非传统友谊倍加珍惜，对非洲和中非关系高度重视。2018年中非合作论坛北京峰会成功召开。习近平主席在此次峰会上，揭示了中非团结合作的本质特征，指明了中非关系发展的前进方向，规划了中非共同发展的具体路径，极大完善并创新了中国对非政策的理论框架和思想体系，这成为习近平新时代中国特色社会主义外交思想的重要理论创新成果，为未来中非关系的发展提供了强大政治遵循和行动指南。这次峰会是中非关系发展史上又一次具有里程碑意义的盛会。

随着中非合作蓬勃发展，国际社会对中非关系的关注度不断提高，出于对中国在非洲影响力不断上升的担忧，西方国家不时泛起一些肆意抹黑、诋毁中非关系的奇谈怪论，诸如"新殖民主义论""资源争夺论""债务陷阱论"等，给中非关系发展带来一定程度的干扰。在此背景下，学术界加强对非洲和中非关系的研究，及时推出相关研究成果，提升国际话语权，展示中非务实合作的丰硕成果，客观积极地反映中非关系良好发展，向世界发出中国声音，显得日益紧迫和重要。

中国社会科学院以习近平新时代中国特色社会主义思想为指导，努力建设马克思主义理论阵地，发挥为党的国家决策服务的思想库作用，努力为构建中国特色哲学社会科学学科体系、学术体系、话语体系作出新的更大贡献，不断增强我国哲学社会科学的国际影响力。中国社会科学院西亚非洲研究所是当年根据毛泽东主席批示成立的区域性研究机构，长期致力于非洲问题和中非关系研究，基础研究和应用研究并重，出版和发表了大量学术专著和论文，在国内外的影响力不断扩大。以西亚非洲研究所为主体于2019年4月成立的中国非洲研究院，是习近平总书记在中非合作论坛北京峰会上宣布的加强中非人文交流行动的重要举措。

　　按照习近平总书记致中国非洲研究院成立贺信精神，中国非洲研究院的宗旨是：汇聚中非学术智库资源，深化中非文明互鉴，加强治国理政和发展经验交流，为中非和中非同其他各方的合作集思广益、建言献策，增进中非人民相互了解和友谊，为中非共同推进"一带一路"合作，共同建设面向未来的中非全面战略合作伙伴关系，共同构筑更加紧密的中非命运共同体提供智力支持和人才支撑。中国非洲研究院有四大功能：一是发挥交流平台作用，密切中非学术交往。办好"非洲讲坛""中国讲坛""大使讲坛"，创办"中非文明对话大会"，运行好"中非治国理政交流机制""中非可持续发展交流机制""中非共建'一带一路'交流机制"。二是发挥研究基地作用，聚焦共建"一带一路"。开展中非合作研究，对中非共同关注的重大问题和热点问题进行跟踪研究，定期发布研究课题及其成果。三是发挥人才高地作用，培养高端专业人才。开展学历学位教育，实施中非学者互访项目，培养青年专家、扶持青年学者和培养高端专业人才。四是发挥传播窗口作用，讲好中非友好故事。办好中国非洲研究院微信公众号，办好中英文中国非洲研究院网站，创办多语种《中国非洲学刊》。

　　为贯彻落实习近平总书记的贺信精神，更好地汇聚中非学术智库资源，团结非洲学者，引领中国非洲研究工作者提高学术水平和创新能力，推动相关非洲学科融合发展，推出精品力作，同时重视加强学术道德建设，中国非洲研究院面向全国非洲研究学界，坚持立足中国，放眼世界，特设"中国非洲研究院文库"。"中国非洲研究院文库"坚持精品导向，由相关部门领导与专家学者组成的编辑委员会遴选非洲研究及中非关系研究的相关成果，并统一组织出版，下设六大系列丛书："学术著作"系列重在推动学科发展和建议，反映非洲发展问题、发展道路及中非合作等某一学科领域的系统性专题研究或国别研究成果；"经典译丛"系列主要把非洲学者以及其他方学者有关非洲问题研究的经典学术著作翻译成中文出版，特别注重全面反映非洲本土学者的学术水平、学术观点和对自身发展问题的认识；"法律译丛"系列即翻译出版非洲国家的投资法、矿业法、建筑法、环保法、劳动法、税法、海关法、土地法、金融法、仲裁法等等重要法律法规，以及非洲大陆、区域和次区域组织法律文件；"智库报告"系列以中非关系为研究主线，中非各领域合作、国别双边关系及中国与其他国际角色在非洲的互动关系为支撑，客观、准确、翔实地反映中非合作的现状，为新时代中非关系顺利发展提供对策建议；"研究论丛"系列基于国际格局新变化、中国特色社会主义进入新时代，集结中国专家学者研究非洲政治、经济、安全、社会发展等方面的重大问题和非洲国际关系的创新性学术论文，具有学科覆盖面、基础性、系统性和标志性研究成果的特点；"年鉴"系列是连续出版的资料性文献，设有"重要文献""热点聚焦""专题特稿""研究综述""新书选介""学刊简介""学术机构""学术动态""数据统计""年度大事"等栏目，系统汇集每年度非洲研究的新观点、新动态、新成果。

期待中国的非洲研究和非洲的中国研究在中国非洲研究院成立的新的历史起点上，凝聚国内研究力量，联合非洲各国专家学者，开拓进取，勇于创新，不断推进我国的非洲研究和非洲的中国研究以及中非关系研究，从而更好地服务于中非共建"一带一路"，助力新时代中非友好合作全面深入发展。

中国社会科学院副院长

中国非洲研究院院长

蔡　昉

摘要： 喀什地区自古以来就是丝绸之路上的交通枢纽，多个民族共同创造了灿烂的历史文化，是当前中国与中亚、南亚国家共建丝绸之路经济带的重要桥头堡之一。但作为南疆深度贫困地区之一，贫穷、落后、闭塞等问题日益成为制约喀什地区各县市经济社会健康可持续发展的主要现实障碍，客观上制约了喀什在地理和人文历史等方面所拥有的传统优势系统转化为现实发展的动力。自精准扶贫全面开始以来，喀什地区牢固树立以发展带动减贫脱贫的思路，立足于自身的实际情况，在国家政策东风与红利和自身发展特点与需求之间，准确找到契合点，取得了一系列特色鲜明、成就显著、效果良好的扶贫发展成就。喀什地区的扶贫发展不仅为新时代新疆各县市的经济社会转型升级注入了强大的内生动力，而且在带动各民族共同致富奔小康的过程中，进一步增强了中华民族共同体意识，为民族团结和边疆稳定做出了积极贡献。本书主要从"十三五"期间喀什地区的总体扶贫发展情况着眼，同时选取全地区唯一位于帕米尔高原上的县——塔什库尔干，将叶城作为喀什绿洲上目前尚未脱贫摘帽的四个贫困县的代表，开展相关的个案研究，梳理和介绍当地近年来的扶贫发展思路、举措、成就，为系统认知全面决胜小康背景下的喀什地区发展机遇和挑战，提供相应的实证研究案例和观察视角。

关键词：喀什地区；塔什库尔干；叶城；特色产业；易地搬迁；精准扶贫

Abstract: The Kashi region has been the transportation hub on the Silk Road since ancient times. With its splendid history and cultures created by the multi-ethnic groups, it is one of the important bridge-heads of the Silk Road Economic Belt jointly constructed by China, Central Asian and South Asian countries. However, the region is one of the severely impoverished areas in the southern part of Xinjiang Uyghur Autonomous Region. Problems such as poverty, backwardness and lack of information are becoming the major obstacles which constrain the economic, social sustainable development of counties and cities in the Kashi region, thus eliminating the motives of turning its traditional strength in geography, humanity, history and culture into development opportunities. Since the beginning of targeted poverty alleviation project, the Kashi region has made excellent development in poverty alleviation, which features its own characteristics, prominence in achievement and excellence in results after it has firmly taken an approach of development driving poverty alleviation and poverty elimination and accurately targeted the meeting point among the national policies, policy dividends, features and demands of its own development route.

Achievement in poverty alleviation in the Kashi region

not only generates powerful endogenous momentum for economic and social upgrade in counties and cities in the new era, but also further deepens the community sense of the Chinese nation developed in the process of the Prefecture's role of leading every ethnic group to achieve common prosperity and to strive for a relatively comfortable life, which has contributed to the unity of ethnic groups and the stability in border areas. This paper looks at the overall development of poverty alleviation in the Kashi Region during the period of the 13th Five-Year Plan (2016 – 2020), chooses Tashkurghan County (the only county located in the Pamir Plateau) and Yecheng County (a representative case of the four counties which are yet taken out of poverty in the oasis of Kashi) as case studies, and makes a reasonable review of and introduces the developmental approaches, measures and achievement of the poverty alleviation, providing empirical case study evidence and observation angles for the systematic understanding of the opportunities and challenges in the Kashi region when achieving the full victory in building a well-off society.

Key words: Kashi region, Tashkurghan, Yecheng, special industry, relocation, targeted poverty alleviation

目　　录

前　言

　　喀什全称"喀什噶尔"，维吾尔语的含义为"玉石集中之地"，有文字记载的历史超过 2000 年。喀什地区自古以来就是中国领土不可分割的一部分。在中国古代文献中，喀什地区古称"疏勒""任汝""疏附"，包括古代的疏勒（即现在的喀什市、疏附县、疏勒县、伽师县及其附近地区）、蒲犁（即现今的塔什库尔干、莎车）、依耐（即现今的英吉沙和阿克陶部分地区）、西夜（即现今的叶城）等地。自西汉的张骞"凿空西域"并且开辟连通东西方世界的丝绸之路之后，喀什地区就开始成为中原地区与中亚、西亚乃至欧洲开展商贸交往、文化互鉴的交通要冲。西汉神爵二年，即前 60 年，西汉政府正式设置西域都护府（治所在今新疆轮台县），对天山南北的广阔地区实施行政管理，喀什地区被正式纳入中国版图。此后，中国历代王朝在新疆设立的行政机构，都对包括喀什在内的新疆广大地区行使有效的行政管辖权。中华人民共和国成立之后，新疆维吾尔自治区设立喀什地区，行政建制一直延续至今。截至目前，喀什地区共管辖12个县级行政单位，分别是喀什市（县级）、疏附县、疏勒县、英吉沙县、岳普湖县、伽师县、莎车县、泽普县、叶城县、麦盖提县、巴楚县、塔什库尔干塔吉克自治县，地委和行署驻喀什市。

喀什地区三面环山，一面敞开，北临天山山脉，西接帕米尔高原，南望昆仑山山脉、喀喇昆仑山山脉，东部面向塔克拉玛干沙漠。整个地势由西南向东北倾斜。由于受到三面环山环境的阻隔，印度洋的湿润气流和北冰洋的寒冷气流对全域的影响较弱，造成喀什地区干旱炎热的暖温带的荒漠景观。但山区的冰雪融水给绿洲的开发创造了条件，发源于周边山脉上冰川融水的喀什噶尔河、叶尔羌河在沙漠和戈壁上孕育了两大绿洲，为喀什地区人民的繁衍生息提供了优越的自然条件。由于地形地貌的影响，喀什地区各县市的空间地理分布格局基本可以划分到两大地理单元之中，除了塔什库尔干位于帕米尔高原上之外，其他的县市全部集中分布在两大河流绿洲上。

喀什地区从古至今一直是中国与外部世界交流的重要驿站。自古丝绸之路开辟以来，喀什成为环绕塔里木盆地南北边缘并行的两条国际商贸通道的西端交汇点，也是中外客商自东向西翻越葱岭（帕米尔高原）前最大的集结地，在中西方商业和文化交流中，扮演着十分重要的作用。如今，喀什地区与塔吉克斯坦、阿富汗、巴基斯坦（巴控克什米尔）、印度（印控克什米尔）等国接壤，并且可以通过邻近地州的口岸，连接吉尔吉斯坦、乌兹别克斯坦，沟通前往西亚地区的陆路通道，被誉为"五口通八国，一路连欧亚"的交通枢纽。在中国与周边国家不断加大共建丝绸之路经济带的历史背景下，喀什在新疆全面加强与中亚、南亚国家实现"五通"进程中的优势地位愈发凸显，成为中国加大对外开放的西端桥头堡。

喀什地区自古以来就是中国多民族共同生活和融合的熔炉。作为喀什地委和行署驻地和喀什地区的政治、经济、文化中心，喀什市是新疆唯一的中国历史文化名城，不仅保存了维吾尔族民俗风情、文化艺术及传统经济的特色和精华，同时也积淀了汉族与当地各少数民族共同开发和治理新疆的厚重历史。一部喀什的文明发展史就是新疆境内中华民族的形成与发展史。在新的时代背景下，不断推动和提升喀什地区的扶贫工作，支撑当地的社会经济发展不断迈上新台阶，是在加强和巩固民族团结的基础上，实现喀什地区各县市全面决胜小康的必由之路。喀什地区的扶贫与发展成就，有力地促进了当地各民族的共同繁荣，在改革和发展的实践中不断增强了中华民族共同体意识，为中华民族的伟大复兴和中国梦的实现贡献了浓墨重彩的喀什篇章。

一 从贫困闭塞到勃勃生机：扶贫发展助推下的喀什地区蜕变

　　喀什地区地处南疆腹地，帕米尔高原、塔克拉玛干沙漠和戈壁荒滩环抱四周，人均可耕地面积不足4亩，生态环境脆弱、产业结构单一、交通闭塞一直是制约当地经济社会发展的现实障碍，属于南疆四地州深度贫困区的典型代表。自党中央、国务院于2014年全面掀起精准扶贫的历史大幕后，喀什地区一方面将中央、自治区的科学指导、统筹规划与本地实际情况有机融合，充分发挥地区、县市、乡镇以及村四级党组织的战斗堡垒作用，一手狠抓全地区的对外开放力度，在主动融入丝绸之路经济带建设的进程中寻找促进本地发展的全新历史机遇，另一方面努力以本地优势资源为基础打造现代特色农业和休闲旅游产业，同时带动附带的乡镇工业的发展，寻求解决农村单位面积土地经济价值过低以及大量农村劳动力闲置的现实可行方案。通过"十三五"期间的不懈努力，喀什的经济社会发展取得突出成就，逐步从一个闭塞贫困的南疆深度贫困地区，成长为南疆对外开放的门户和现代产业聚集的发展中心，呈现出蓬勃发展的生机。"以发展带扶贫、以扶贫促发展"的道路为喀什地区最终夺取全面决胜小康的伟大胜利，奠定了坚实的基础。

（一）喀什地区的扶贫工作概况

自党中央、国务院提出精准扶贫以来，喀什地委、行署以习近平总书记有关精准扶贫的经典论述和指导思想为根本指南，全面落实中央、自治区的扶贫部署安排，结合喀什地区深度贫困的特点，因地制宜地制定出了科学合理的扶贫发展措施，不仅全面落实了党和国家有关精准扶贫的顶层设计理念、思想、要求，而且充分考虑了喀什地区各县市自身的发展特点，为在全面深化改革的背景下，喀什地区的社会经济的稳定发展开辟出了广阔的道路。

从2014年起，喀什地区立足于所辖1市11县全部为贫困县（市）的实际情况，主动作为，打出了全力推进全域精准扶贫的组合拳。从扶贫的人员配置方面来看，喀什地区坚定发挥党组织的战斗堡垒作用，以党建作为引领扶贫发展的核心动力。从地区到各县市，再到各乡镇，各级领导和职能部门采取分片包干、重点包挂的方式承担扶贫任务。同时，在每个行政层级上都配备一定数量的扶贫工作干部，其中要求地区层级不少于 50 人，县级不少于 35 人，深度贫困乡不少于 10 人，深度贫困村不少于 5 人。[①] 在扶贫的具体实践与执行层面，喀什地区提出了脱贫攻坚的八大工程，包括土地清理再分配扶贫工程、就业扶贫工程、产业扶贫工程、庭院经济发展工程、综合社会保障兜底工程、安居保障工程、基础设施配套工程、扶志扶智工程。其中，在土地清理再分配扶贫工程中，政府将引导收益用于脱贫攻坚，并设立七项专门的支持性资金，包括稳定就业引导资金、教育资助资金、医疗补助资金、临时救助资金、困境儿童关爱资金、产业发展引导资金、村集体经济补助资金。在产业扶贫方面，喀什地区提出"稳粮、优棉、增菜、促经、兴果"的总体发展思路，在符合条件的地区推动发展"四个一"工程，即在有条件的贫困村建设一个卫星工厂或者扶贫车间、一个良繁中心或者养殖小区、一座保鲜库或者冷藏库、一个合作社，同时还积极鼓励贫困户发展庭院经济，着重建设一个大拱棚或者几畦

---

① 《喀什地区脱贫攻坚应知应会知识问答》（下），2018 年 10 月 17 日，喀什市政府网，http://www.xjks.gov.cn/2018/10/17/jzfp/685.html。

菜地、一片果园或者几棵果树、一架葡萄等，积极增加民众经济收入，全面改善贫困村落和贫困户的生产生活条件和人居环境。针对具体贫困户的脱贫，政府提出了五项增收措施，包括土地清理惠民促增收，人均收入1000元；稳定就业促增收，人均收入2000元；发展农业生产提效促增收，人均收入1000元；发展畜牧养殖促增收，人均收入500元；发展庭院经济促增收，人均收入500元。

在确定贫困线标准的问题上，喀什地区以自治区提出的标准为指导，坚持与时俱进的原则，以2010年不变价格年收入2300元为基础，将2014年精准扶贫全面开启之年的贫困线定为年收入2800元，以后逐年递增，2015年达到2855元，2016年升至3026元，2017年增长到3130元，一直到2020年全面实现小康时达到4000元。根据确定的贫困线标准，2014年喀什地区确定建档立卡贫困人口28.56万户，总计105.59万人，当年全地区贫困发生率30.3%，高于南疆四地州深度贫困地区的平均贫困发生率。2017年喀什地区建档立卡贫困人口总数经再次复核，信息系统中共包括农村扶贫对象30.7万户、127.3万人。这些总人数包括2014—2016年已脱贫人员和2014年、2015年因自然减少而做出相应调整的人口统计数字，占新疆全区农村总人口的36.5%。截至2018年年底，建档立卡的未脱贫贫困户总计 18.69 万户，共 75.68 万人，占新疆全区农村总人口的 21.6%，所辖各县市的平均贫困发生率已经下降至 10% 以下。

在确定所辖贫困县脱贫摘帽的标准问题上，喀什地区坚持将中央、自治区提出的硬性参考标准与本地的实际情况具体结合，确定了强制性标准与参考性标准相结合的脱帽考评体系。从强制性标准来看，共包括九个方面，主要有：全县的贫困发生率要在 3% 以下，即当年退出贫困县建档立卡贫困人口与农业户籍总人口之比低于 3%；全县农村居民人均可支配收入增长幅度高于全区平均水平；全县贫困村全部退出；全县脱贫贫困人口实现"两不愁、三保障"，即农村贫困人口不愁吃、不愁穿，同时在义务教育、基本医疗和住房安全方面的权益得到保障；全县所有贫困村都有文化室；全县所有贫困村都有卫生室；全县所有贫困村都有文化体育活动场所；新型农村合作医疗参合率达到 100%；居民基本养老保险参保率达到 95% 以上。因地制宜的具体参考性标准共包括四个方面：通水的贫困村数占全县贫困村总数比例达到 95% 以上；通路的贫困村数占全县贫困村总数比例达到 98% 以上；通电的贫困村数占全县贫困村总数比例达到 95% 以上；安全饮水有保障贫困户占全县贫困户比例达到 95% 以上。以上四个标准中所列的比例均达到 80% 以上，贫困县方可成功脱帽。

2019 年全年，喀什地委、行署紧抓实现全面决胜小康前夕的关键之年，继续在全地区各县市的扶贫发展上加大工作力度，坚持四级书记抓脱贫攻坚，地委主要领导带头落实遍访贫困对象行动。地区和各县市的扶贫干部深入 92 个贫困乡镇开展蹲点式调研，在实践走访的基础上进一步深挖贫困的病根，通过查短板、找弱项，做出针对性的决策部署，并及时对实际执行效果欠佳的扶贫帮扶政策做出相应的调整。在全地区扶贫网络高效运转的保障下，地县乡三级专职扶贫副书记、7500 名扶贫专干奔忙在脱贫攻坚的最前沿，1543 个贫困村扶贫站高效运转，14.13 万名党员干部职工与 29.87 万户贫困家庭心手相牵，结对帮扶，将扶贫攻坚工作不断推向纵深。2019 年全年，喀什地区总计 27.33 万人脱贫，共有 512 个贫困村退出贫困名单序列。在 2018 年实现泽普县脱贫摘帽之后，2019 年内又实现了喀什市、疏勒县、疏附县、岳普湖县、麦盖提县、巴楚县、塔什库尔干塔吉克自治县共 7 个县市成功脱贫摘帽，成为自精准扶贫以来，喀什地区实现脱贫摘帽成果最为集中和凸显的一年。2020 年是脱贫攻坚的决胜之年，喀什地区能否按计划实现全域脱贫将直接关系着喀什乃至南疆四地州深度贫困区能否真正实现全面决胜小康。喀什地区年内仍然需要实现叶城县、伽师县、莎车县、英吉沙县四个贫困县完全脱贫摘帽，共有 293 个贫困村，总计 2.1 万户合计 7.72 万名建档立卡的贫困人口需要彻底摆脱贫困。①喀什地委、行署将继续通过挂牌督战，聚焦硬骨头，层层压实责任，确保高质量完成脱贫攻坚目标任务，为南疆四地州深度贫困区以及新疆全区脱贫任务的成功完成，交上一份令人满意的答卷。

（二）喀什地区发展的主要着力点

喀什地区一方面具有毗邻中亚和南亚的地理区位优势，另一方面具有丰富的农副产品资源，特别是丰富的林果资源，为本地的社会经济发展提供了较为明显的储备优势。因此，在全面推进以发展带动扶贫的过程中，喀什地区一方面深挖自身的空间地理优势，打造南疆以及新疆全区对外开放的窗口以及中国与中亚、南亚国家共建"一带一路"的桥头堡，加大对外开放的力度，在主动融入丝绸之路经济带建设的进程中，进行招商引资和产业转型升级，持续做大做强本地经济社会发展的蛋糕，积极为当地居民提供更为充足的就业岗位，另一方面结合"互联网+"、发展全

————————

① 《一县一策，啃下硬骨头》，《新疆日报》2020 年 4 月 10 日第 A12 版。

域旅游、打造生态农业等新业态、新理念、新机遇，不断推进传统农业的供给侧改革，用适应当前市场需求的特色林果种植业来带动居民的增产增收。在两方面基本着力点的支撑下，喀什地区逐步走出了一条以发展带动扶贫的道路。

1. 全面加强对外开放，推动现代产业集聚发展

党的十九大提出，中国当前面临的主要矛盾是人民日益增长的美好生活需要和不平衡、不充分的发展之间的矛盾。从地域空间角度来看，不平衡、不充分的发展直接反映为不同地区间发展水平的严重失衡。从新疆的空间发展格局来看，基础设施、制造业、公共服务资源、对外交流合作窗口主要集中在以乌鲁木齐为中心的天山北坡城市群和以兰新铁路为轴线的欧亚大陆桥沿线。包括喀什地区在内的南疆四地州深度贫困区不仅过度依赖粗放式经营的传统农牧业，而且不断增长的人口与有限的自然资源以及脆弱的生态承载能力之间的矛盾日益突出，大量青壮年人口因无法被足够的产业吸纳而面临失业的问题，贫困问题日益严峻。因此，作为南疆人口最为密集的地区之一，喀什面临的人口、资源、产业、环境、发展之间的矛盾更为突出和典型，是南疆深度贫困的集中缩影。在这种情况下，无论是喀什地区拥有的毗邻中亚、南亚的

空间地理优势，还是本地潜藏的巨大人口红利，都没有契机持续有效转化为推动本地社会经济发展的强大内生动力。如何尽快扭转这种发展失衡局面，充分挖掘喀什的地理和人口优势，通过主动把握中国与周边国家共建"一带一路"的政策东风，突破发展瓶颈，成为喀什扶贫发展面临的一个现实命题。

2010 年 5 月，国务院正式批准在喀什设立经济开发区，将其定位为中国向西开放的重要窗口以及推动新疆经济社会实现跨越式发展的重要经济重心。喀什经济开发区规划用地 50 平方公里，其中喀什市规划 40 平方公里，主要位于喀什国际机场北侧的临空经济区内，另有 10 平方公里位于克孜勒苏柯尔克孜自治州乌恰县境内的中国与吉尔吉斯斯坦交界处的伊尔克什坦口岸，该经济开发区是整个南疆地区规模最大的经济合作区。2011 年 9 月，国务院印发《关于支持喀什霍尔果斯经济开发区建设的若干意见》，支持在喀什经济开发区内设立海关特殊监管区，切实推动喀什对外合作提质增效。2014 年 9 月，海关总署批准在喀什经开区范围内设立喀什综合保税区，总面积 3.6 平方公里，设置保税仓储、保税物流、保税加工、展览展示、口岸操作、航空货运和综合配套服务七大功能区，是继霍尔果斯之后新疆第二个综保区，也是南疆第一个海关特殊监管区。为最大限度地实现优势资源互补，喀什经开区与综保区深度推进资源和体制的融合，两者共用一个管理委员会，综保区成为经开区的最重要组成部分、核心增长极以及对外招商的一张王牌；经开区为综保区的发展提供了坚实的基础和强有力的保障。随着近年来中国与周边中亚、南亚国家共建"一带一路"的力度不断加大，喀什不断提升对外开放水平，逐步成为南疆对外开放的政策高地，并且形成以喀什为中心，辐射带动周边发展的良好格局。

自 2010 年喀什经开区成立以来，国家不断出台相应的优惠政策，积极鼓励和支持喀什加快对外开放的步伐。2012 年 9 月，中国人民银行、银监会、证监会、保监会等中央部门联合下发了《关于金融支持喀什霍尔果斯经济开发区建设的意见》，谋划了深化喀什对外开放力度的发展指导思想，为喀什的转型发展注入了强劲动力。依托喀什所拥有的地理优势和丰富的资源优势，喀什经开区产业发展以现代服务业和先进制造业为重点，着力建设区域性商贸物流中心、金融贸易区和优势资源转化加工。自成立以来，投资 8 亿元的京新银座广场总部经济大楼（金融中心）项目、展辉技资合资企业已经落地。深圳产业园项目、深圳城项目、喀什市技能培训和实训基地项目、三一重工机械与零部件再造基地、拓日新能产业园、嘉达高科产业基地、浩元环保科技中心、拓方善水创新科技园、新海鸿农业智能设备制造基地、南北医药物流中心、永桦特色水果加工生产和冷链物流配送基地股权投资企业等一批项目和知名企业相继建设落户，不仅有效带动了高端制造业和服务业向喀什的聚集，而且提供了大量的就业岗位。

综保区设立后，落地企业充分利用海关监管区"国内境外"的优势，将喀什的临空产业规划与企业自身的"走出去"方案相结合，将喀什综保区打造成为中国产品开拓中亚、南亚市场的桥头堡以及中亚、南亚国家产品进入中国的第一驿站。在综保区国际中转、国际配送、国际采购、国际仓储、国际转口贸易、出口加工等功能的支持下，喀什临空经济区正在成为整个喀什经开区最具活力的部分。在喀什经开区（综保区）的带动下，整个喀什地区和克孜勒苏柯尔克孜自治州各县市不仅为传统农业生产找到了新的市场，而且纷纷在落地喀什的新产业中找到了新的商机。喀什地区所辖各县以及周边地州市竞相发展以配套喀什对外开放为导向的产业，不断加强本地居民，特别是青壮年居民劳动技能的培训，为本地的招商引资以及居民的就业脱贫，提供了宝贵的机遇。

2019 年，喀什综保区的业务呈现出快速发展的态势，仅 1—11 月，全区进出口贸易总额达到 2.6 亿元，同比增长 130%。其中，进口贸易总额达到 1.3 亿元，同比增长近 40%；出口贸易总额达到 1.2 亿元，同比增长 677%。货运量累计逾 1.4 万吨，同比增长 573%。与此同时，自关区围网正式封关运营以来至 2019 年 11 月底，综保区累计注册企业 74 家，注册资金突破 11 亿元。2019 年新增注册企业 25 家，其中生产加工类企业 5 家，冷库仓储企业 1 家，商贸物流企业 12 家，报关类企业 7 家。在生产类企业快速集聚的同时，以跨境电子商务和境外商品销售为主要内容的保税物流企业在区内也迅速发展。从 2019 年 1 月到 11 月，两家保税展示交易店营业额 287 万元。此外，喀什的国际商贸物流也呈现出井喷发展态势，本地大型物流企业纷纷在综保区注册，物流集聚效应逐步显现。随着 2019 年综保区成为新疆跨境电商试点园区，更多的本地和外地的跨境电商企业已经表达出浓厚的入驻园区的意愿。① 2019 年 11 月，喀什国际机场开通了直飞巴基斯坦卡拉奇的国际货运航班，开通了喀什机场通航以来第一条定期货运航线，打通了以喀什为支点的空中丝绸之路。综保区业务的快速发展，使入驻的各类企业直接为喀什以及周边各县直接提供超过 1500 个就业岗位，成为喀什地区乃至整个南疆新增就业岗位最多且最为集中的经济发展功能区。在 2019 年发展

----

① 相关统计数据，参见中国喀什特区网站，http：//www.kstq.gov.cn/kstq/zwgk/zwgk.shtml。

成绩的基础上，综保区将继续发挥对经开区的引领和带动作用，力争进出口贸易总额达到 7 亿元，努力招商新增注册企业 10 家，保证实际开展业务企业新增 10 家，推动和支持区内企业用工突破 2000 人，确保综保区所有业务的增速在新疆 5 个海关特殊监管区域中增速保持靠前位置。

喀什以全面加强对外开放来加速产业集聚和产业结构升级的道路，不仅为本地的精准扶贫工作的持续有效开展，提供了必要的产业支撑，奠定了坚实的物质基础，而且也为阿克苏、和田、克孜勒苏柯尔克孜自治州等南疆其他深度贫困地区的发展扶贫，提供了十分有益的探索与总结。在喀什经开区（综保区）的辐射带动下，喀什地区各县市不仅把分享加大对外开放的红利作为制定本地社会经济发展规划的指导，而且以此作为巩固扶贫成果的重要支柱。随着以喀什为中心的南疆对外开放的良好格局逐步形成，喀什地区各县市呈现出以发展带动扶贫的良好、生动局面。

2. 做大做强传统产业，夯实扶贫发展的基础

喀什地区所辖各县市的产业机构主要以传统农业和牧业为基础。尽管近年来在喀什经开区（综保区）发展的有效拉动下，喀什已经初步集聚了以电子商务、现代物流、电器组装、保税商品为代表的一系列现代

产业，并且有效集聚了一部分专业技工在区内就业，但从全地区整体来看，传统农业在经济贡献占比和就业人口比重上，仍然占据着明显的优势。以作为精准扶贫全面开局之年的 2014 年为例，喀什地区全年完成国内生产总值（GDP）合计 688 亿元，同比增长 10.2%。其中，第一产业增加值 211 亿元，同比增长 7.4%；第二产业增加值 210 亿元，同比增长 13.2%，其中工业增加值 119 亿元，同比增长 13.0%；第三产业增加值 267 亿元，同比增长 10.1%。三次产业比例结构为 30.7∶30.5∶38.8。人均生产总值 16024 元/人，比上年增长 5.3%。而在第一产业中，全年农林牧渔业总产值 437.3 亿元，比上年增长 7.25%。其中，农业产值（含水果、坚果）310.3 亿元，增长 8.98%；林业产值（育苗、造林、木材采运）10.6 亿元，增长 7.26%；畜牧业产值 106.3 亿元，增长 2.56%；渔业产值 1.4 亿元，增长 5.56%；农林牧渔服务业产值 8.7 亿元，增长 7.31%。全年农作物播种面积 1796.3 万亩，其中粮食播种面积 653.1 万亩，小麦播种面积 339.96 万亩，玉米播种面积 267.39 万亩，瓜播种面积 94.4 万亩，蔬菜播种面积 82.4 万亩。全年粮食产量 278.98 万吨，下降 0.48%，其中小麦产量 135.36 万吨，增长 1.82%；玉米产量 267.39 万吨，下降 1.19%；蔬菜产量 272.2 万吨，下降 2.40%；瓜产量

279.6 万吨，下降 1.17%。因此，从喀什的实际情况来看，传统农牧业发展在本地社会经济发展中基本上占据着半壁江山。而且在农业生产中，传统粮食作物种植规模和产值比重不占优势，瓜果、特色林业等经济作物的规模和效益所占的分量在稳步提升。正是着眼于农业在喀什地区社会经济发展中所占据的关键性地位和巨大的比重，各县市纷纷将大规模发展和振兴现代特色农业，作为在广大农村地区带动社会经济发展，解决居民就业和增加居民收入的主要途径，为在发展中解决当地的扶贫脱贫问题，找到了现实可行的途径。

从 2014 年精准扶贫大幕掀起以来，喀什地区各县市纷纷立足于本地农业发展状况和作物种植结构的实情，扬长避短，规划制定了以各地占优势地位的种植项目为基础和载体的优势产业、特色产业、先导产业的发展规划。自 2014 年以来，喀什地区不仅大力发展樱桃、巴旦木、红枣、新梅和核桃等特色林果业，而且万寿菊、金银花、双膜瓜等特色种植业也蓬勃发展；同时，坚持统筹谋划规划，注重主导产业与特色产业相结合，长效产业与短平快产业相补充，长效主导产业管长远、稳增收，短平快产业保基本、促增收，实现贫困户增收可持续、能发展，全面提升产业扶贫"续航力"。截至 2019 年年底，喀什地区各县市共建成

11 个蔬菜育苗中心、1.4 万亩林果苗圃或者采穗圃，发展特色作物 59.7 万亩，大拱棚 14.6 万座，林果业提质增效 137.1 万亩，贫困户人均种植业收入达 1000 元以上。各县市新组建农民合作社 926 个，引导流转土地 63 万余亩；新建保鲜库 56 座、畜牧良种繁育中心 20 座。1115 座乡村生产车间总共能为当地居民提供约 6 万个就业岗位，有效地吸纳了农村大量剩余劳动力，实现本村居民在村门口就能通过自己的劳动就业获得稳定收入。

以发展特色产业为中心的土地流转工作，不仅在空间上实现了土地资源的重新分配，将大量闲置或者因为生产资料分配不合理、生产工具落后、种植结构与市场脱节等原因而产出低下的土地资源，按照市场原则配给生产效率较高的优势产业，而且流转后带来的资金收益也可以给居民带来经济收入的增加。同意参加土地流转的很多当地居民表示，土地流转工作的开展，不仅实现了土地效益最大化，让广大农民有了土地流转费用，也让农民从有限的土地中抽出身来，解放了生产力。居民可以在家门口参加本地的产业招工，或者去外地乃至外省务工，增加了收入的多元性和可靠性。从各县的土地流转工作来看，平均每亩地每年的流转费用收入就可以达到 500 元左右，远高于之前单单依靠种植粮食作物每亩地每年 200 元左右的收益。在推动条件较差的土地资源进行流转的同时，各县市也积极鼓励在规模、效益、收入方面相对具有一定优势的农户积极发展庭院经济，即通过接收流转土地或者参与合作社，抑或是优化自己的种植结构和规模的方式，建设一座大拱棚或者一畦菜地、一片果园、一架葡萄为主的庭院式果蔬种植。通过发展这种规模适中、结构良好的种植结构，各县市总计使24.6万户具备条件的贫困户实现庭院整治和庭院经济全覆盖。在处理土地流转带来的劳动力闲置的问题上，各县市除了积极鼓励流转土地后的居民外出务工之外，还积极在农户家门口发展相应的产业，特别是与庭院经济、特色果蔬种植相配合的上下游产业，在产业扶贫的思想下大力发展农产品加工、生态农业、农家乐等产业项目，在村里或乡镇上建设企业和乡村生产车间，积极开发就业岗位，总计使各县市具备就业条件的22.73万贫困家庭全部实现"一户一人"或者"一户多人"的稳定就业。截至2019年年底，喀什地区推动的土地清理收益再分配工作总计使80余万人和1681个村集体切实享受到在发展中摆脱贫困政策带来的实惠。

为积极推动以发展特色产业带动扶贫的理念全面落实，喀什地区多措并举，着力解决推进土地流转和产业发展所面临的资金短缺问题，确保扶贫路上不落下任何一个符合要求的贫困村和建档立卡的贫困户。2019 年内，四个对口援疆省市安排援疆资金 68.12 亿元，完成援建项目 351 个。7 个中央定点帮扶单位投入 1.66 亿元，12 个区内协作县市投入资金 0.84 亿元，新疆军区、南疆军区帮扶力度持续加大。各县市也以聚焦贫困户实现"两不愁三保障"，即不愁吃、不愁穿，义务教育、基本医疗、住房安全有保障，以及贫困村的"五通七有"，即通水、通电、通路、通广播电视、通宽带或通信，有村"两委"班子且发挥作用、有支撑稳定增收的产业、有村集体经济收入、有村级党组织阵地（办公场所）、有幼儿园（中心幼儿园）、有便民服务中心、有卫生室，累计实施扶贫项目 633 个，总投资 129.82 亿元，竣工验收率 98.89%。在各级各类资金覆盖和支持的项目中，绝大部分是涉及产业发展、土地流转及其配套基础设施建设的项目。与此同时，各类民营企业在积极响应扶贫号召走进和深耕乡村市场的同时，也在积极履行社会责任，对口帮扶贫困村 1035 个，吸纳贫困劳动力就业 14511 人。在土地流转、产业发展以及配套基础设施建设的共同支持下，喀什地区各县市逐步在实践摸索中找准了助力传统农业升级转型的突破点，逐步在本地优势种植产业的基础上形成了一系列特色种植产业，不仅为扶贫发展的可持续推动提供了强大的发展动力，而且有效提升了扶贫工作的实际效果与含金量。

樱桃是莎车县传统优势种植作物，许多乡镇的农民都有种植樱桃的传统。自精准扶贫开始以来，莎车县确定将推广樱桃的成规模种植，作为支持和带领全县民众脱贫致富的龙头产业。在莎车县各乡镇的樱桃种植中，米夏镇最为突出。该镇各村通过品种改良、文化牵线、电商促销等措施，让樱桃树成为"摇钱树"。目前，全镇有多个行政村的樱桃树种植面积接近或超过1000亩，几乎家家都种植樱桃树，进入盛果期的樱桃树，亩均收益一般3万多元，最高达到7万元。为确保樱桃种植产生规模化效益，全镇各村逐步成立以樱桃种植和销售为主要业务的专业化合作社，广大村民积极参与，合作社对樱桃种植农户的覆盖率基本达到100%。在合作社的带动下，全镇的樱桃销售在线上和线下都受到广泛的热捧，不仅销售到首府乌鲁木齐，而且能够源源不断地收到来自内地市场的大批量订单。除去樱桃本身的销售之外，莎车县还以樱桃种植园为载体，每年都举行樱桃节，主打以樱桃采摘为主要内容的农家乐和休闲生态游。目前，莎车县的樱桃旅游品牌已经在喀什地区小有名气，成为喀什地区其他县市乃至外省游客追捧的新景点。除了樱桃种植产业之外，莎车县还在蔬菜育苗方面建树颇丰。不少乡镇在广泛推广樱桃种植的同时，还紧抓南疆市场远离内地蔬菜种植与供给的特点，主动在本地开展日常蔬菜的育苗业务，为周边县市市场的蔬菜种植和销售提供充足且专业化的菜苗培育工作，用本地的蔬菜资源满足本地市场的需求。具备条件的行政村也纷纷成立以蔬菜育苗业务为主的专业化合作社，并积极吸纳本地的育苗业从业者和土地流转后的剩余劳动力。平均每个蔬菜育苗农户都能够在蔬菜大棚和销售网络上为当地贫困户提供 50 个就业岗位，在此工作的每个贫困户不仅可以拿到月均 3000 元的工资收入，而且逐步掌握了有关育苗、栽培和电商销售的专业技能。在落实"一乡一业、一村一品"产业布局中，莎车县精心谋划，以科技为支撑，加强技术指导，瓜菜种植已发展到 22 万亩，30 万吨绿色蔬菜基地已具雏形。

与莎车县一样，叶城县、伽师县、英吉沙县按照"稳粮、调棉、增经、扩菜、强果、兴畜"的发展思路，加快设施农业发展。至 2019 年年底，英吉沙县已建成拱棚 35864 座、大棚 439 座，设施农业种植已成为脱贫攻坚的支柱产业。其中，英吉沙县已经建成 10 万亩特色林果，英吉沙杏是当地一张亮丽的名片。英吉沙县有栽种杏树的悠久历史。在脱贫攻坚中，英吉沙县瞄准这一传统优势，大力推广贫困户参与杏树种植，将英吉沙杏种植面积扩大到 15 万亩。为准确把控杏子的品质，2019 年年初，英吉沙县政府与阿里巴巴、新疆果业集团共同在英吉沙县建立了400多亩的"淘乡甜数字农场英吉沙杏标准示范基地"，借助阿里云的农业大数据分析系统，让基地成为具有"黑科技"的智慧农场。为了解决过去村民种植杏树规模小、品质差、科技含量低的劣势，英吉沙县加强对杏树种植的科技投入，让专业人员和农业专家在田间地头指导和帮助果农。英吉沙杏从开花到结果，专家随时都能看到。即使不在杏园，果农只要打开手机上的电子地图，就可以看到杏树的日照时长、昼夜温差、土壤干湿度等一系列数据。各种监测设备可将采集到的数据实时发送给农业专家，以获取评判和建议，可防止虫害问题导致绝收的情况再度发生。以数字农场为基点，阿里巴巴帮助当地逐步建立英吉沙杏的标准化生产体系，在全县推广高标准果园。此举在让农民增收的同时，还加快了农业全产业链的升级。在科技的助推下，英吉沙县的杏树通过除虫、嫁接、施肥等技术的支持，产量和品质不断提升。正常情况下，平均每棵杏树上的收成可以让果农增加收入1000元左右。结合全县数十万棵杏树的产量来看，仅仅杏子一项产业，就能给全县带来上亿元的产业收入。与莎车县的樱桃一样，英吉沙县的杏子不仅已经成为当地的一张耀眼的绿色名片，而且成为扶贫工作发展的重要推动力。

　　除了莎车县、英吉沙县的特色种植产业之外，喀什地区的其他各县也在扶贫发展实践中逐步摸索到了适合本地发展的拳头产品，并且逐步将其打造成为支撑本地经济社会发展的明星商品。例如，叶城县的核桃皮薄肉多，麦盖提县的灰枣口感颇佳，伽师县的新梅个大肉嫩，莎车县的巴旦木营养丰富，塔什库尔干塔吉克自治县的乳类产品广受欢迎，等等。为助力特色农产品的销售，2019 年喀什地区新建或改造乡镇农贸市场 44 个，建成伽师瓜、叶城核桃交易集散中心，麦盖提县 3 个总库容 1.5 万吨的红枣期货交割库投入使用，搭建"村有合作社、乡有分拣中心、县有配送中心"的电商销售平台，确保特色农产品收得下、装得进、卖得出。在电商平台的带动下，喀什地区各县市的特产纷纷走出新疆，进入内地城市的商店、超市、百姓的餐桌。消费扶贫工程使喀什农产品已进入对口援疆省市 1000 余家门店，年销售总额近 11 亿元。有政府引导、品牌建设、技术支撑、完善的市场网络、品质保障、龙头企业等多维因素的共同支持，各县市在依靠特色农产品发展脱贫上走出了一条越发成熟的道路。

在发展特色种植业的同时，各县市还积极在劳动力富裕、发展种植业条件相对薄弱的地区鼓励引导诸如纺织服装生产、电子产品加工组装等劳动密集型产业的发展，确保了一户一人或一户多人在家门口实现稳定就业。以叶城县依提木孔乡恰斯木克村扶贫车间为例，当地政府鼓励劳动密集型产业的集群发展，叶城县辉宗服饰有限公司等纺织品生产企业在当地投资办厂。完成土地流转后的当地妇女积极报名到厂区工作，为服装生产提供了充足的劳动力。稳定的工资收入也在不断激发选择到此务工的当地居民的干劲，工厂生产的服装品质稳定，远销内地以及欧美国家市场。像叶城县一样，莎车县、伽师县、英吉沙县均通过园区企业、扶贫车间、重点项目和有组织的转移就业等，助推贫困劳动力和刚脱贫的群众就地就近就业。截至2019年年底，喀什地区共建成1100多座以劳动密集型企业厂区为依托的乡村扶贫生产车间，直接解决数万人在家门口就业的问题。

在2019年各县市的集体努力下，喀什地区扶贫发展成绩斐然，群众的钱包"鼓"起来，贫困群众收入持续较快增长，预计农村居民人均收入9350元，同比增长9.2%；人居环境"美"起来，21.8万户贫困户改厨，20.31万户贫困户改厕，28.38万户贫困户硬化庭院，9.51万户贫困户实施煤改电，29.87万贫困家庭人居环境发生明显变化；心情"好"起来，人居环境大变样，群众心里亮堂堂，感党恩、听党话、跟党走的意识日渐浓厚，致富奔小康的信心空前高涨。

2020年是全面建成小康社会的决胜之年，也是

"十三五"规划的收官之年,喀什地区各级党委和政府扛起政治责任,坚持维护稳定、脱贫攻坚统筹推进,坚持脱贫攻坚、巩固提升协同发力,坚持产业、就业"两轮"驱动,着力发展增收致富产业,推进与产业振兴衔接;继续着力推进"一户一(多)人"稳定就业,着力提高就业稳定性、增加工资性收入;坚持问题导向、目标导向,聚焦薄弱村、脱贫监测户和边缘户"两类户"补齐短板弱项,确保现行标准下贫困人口如期脱贫,确保解决区域性整体贫困,一鼓作气、集中兵力,坚决兑现庄严承诺。随着其余四个贫困县和剩余贫困村、建档立卡贫困户在今年如期摘帽、脱贫,喀什地区必将由此迈上新时代快速发展的康庄大道。

(三)扶贫发展助推下的喀什地区 社会经济发展成就

2019 年,喀什地区以习近平新时代中国特色社会主义思想为指导,紧紧聚焦新时代党的治疆方略,特别是社会稳定和长治久安总目标,坚持新发展理念,积极推动高质量发展,全力做好稳就业、稳金融、稳外贸、稳外资、稳投资、稳预期的"六稳"工作,落实"巩固、增强、提升、畅通"八字方针和自治区党委提出的"1＋3＋3＋改革开放"工作部署，实现了经济运行总体平稳、稳中有进、进中见好、好中提质，呈现出经济总量迈上新台阶、发展质量稳步提升，全面建成小康社会基础更加坚实的积极现象。

2019年是喀什地区全面实现脱贫攻坚目标的关键性一年，发展成果与水平不仅直接决定2020年能否按计划实现全域各县市全面建成小康，而且也是对2014年以来全地区各县市在扶贫战略引领下的发展成就的一次全面的梳理和总结。纵向对比2014年和2019年喀什地区经济社会发展的各项指标，可更为全面、系统、详细地认识五年来喀什地区发生的翻天覆地的变化。对扶贫引领和带动下的喀什发展态势和前景开展以统计数字为基础的定性定量分析，可以为以发展促扶贫对于促进和带动喀什地区社会经济发展的重要意义，提供更为详尽的研判视角。

2019年，喀什地区实现地区生产总值1048.3亿元，比上年增长5.6%。[①] 其中，第一产业增加值295.9亿元，增长6.1%；第二产业增加值199.9亿元，增长2.6%；第三产业增加值552.5亿元，增长6.6%。第一产业增加值占地区生产总值的比重为

① 本部分所使用的所有2019年的统计数据全部来源于喀什地区统计局、国家统计局喀什调查队发布的《喀什地区2019年国民经济和社会发展统计公报》，参见2020年5月9日喀什地区网站统计公报，http://www.kashi.gov.cn/Category_1008/Index.aspx。

28.2%，第二产业增加值占地区生产总值的比重为19.1%，第三产业增加值占地区生产总值的比重为52.7%，第三产业成为拉动经济增长的第一动力。人均地区生产总值22647元，比上年增长5.9%。对比扶贫开启之时的2014年，当年的地区生产总值688亿元，人均地区生产总值为16024元，2019年的地区生产总值为五年前的1.5倍，人均地区生产总值为五年前的1.4倍。相比2014年[①]，2019年喀什地区的三产结构对比和对生产总值贡献增量的对比发生变化，其中第一产业、第三产业的增速和增量进一步加快，特色农业种植和新兴电子商务、国际物流等行业的快速发展，成为推动当地产业结构调整和经济社会发展的新亮点。

居民消费价格比上年上涨2.0%。八大类商品中，食品烟酒类上涨5.7%，衣着类下降5.2%，居住类上涨1.7%，生活用品及服务类下降2.3%，交通和通信类增长0.3%，教育文化和娱乐上涨1.2%，医疗保健上涨1.4%，其他用品和服务上涨6.3%。供给侧结构性改革扎实推进。全地区严格控制过剩产能和"三高"产业落地，规模以上工业企业资产负债率为

①　本部分所使用的所有2014年的统计数据全部来源于喀什地区统计局、国家统计局喀什调查队发布的《喀什地区2014年国民经济和社会发展统计公报》，参见2015年3月25日喀什地区网站统计公报，http://www.kashi.gov.cn/Category_ 1008/Index. aspx。

68%，同比降低 1.4%，每百元营业收入中费用为 10.2 元，同比下降 1 元，产成品存货周转天数 15.8 天，同比减少 8.3 天。商品房待售面积 26.5 万平方米，同比下降 19.9%，其中住宅待售面积 7.8 万平方米，同比下降 45.2%，商业营业用房待售面积 15.73 万平方米，同比下降 16.3%。地区基础设施投资同比增长 65.2%，投资额占地区固定资产投资的 35%，较同期提高 10.7%。全年新增减税降费 9.96 亿元。

2019 年脱贫攻坚取得决定性进展。全年全地区 27.33 万人实现脱贫，512 个贫困村退出，7 个贫困县摘帽，贫困发生率降至 2.2%。年末全地区未脱贫人口 7.72 万人。全年实现城镇新增就业人口 9.55 万人，城镇就业困难人员实现就业 5654 人，城镇登记失业率 3.14%。全年转移就业农村富余劳动力 84.17 万人。相比 2014 年，喀什地区的平均贫困发生率仍然在 30% 以上，建档立卡的贫困线以下总人口 105.59 万人，五年内贫困发生率下降了 28%，现行标准下的贫困总人口减少 97.89 万人。

2019 年全年农作物播种面积 1545.8 万亩，其中，粮食播种面积 625.8 万亩。小麦播种面积 323.7 万亩，玉米播种面积 246.3 万亩。棉花播种面积 652.9 万亩，瓜果类播种面积 69.5 万亩，蔬菜播种面积 78.9 万亩，甜菜播种面积 10.1 万亩。全年粮食产量 266.0 万吨，其中小麦产量 134.5 万吨，玉米产量 122.9 万吨，棉花产量 75.3 万吨，蔬菜产量 234.2 万吨，瓜果类产量 182.6 万吨，甜菜产量 50.4 万吨。全年林果业总产量 195.6 万吨，比上年增产 1.6%。其中，苹果 15.4 万吨，增产 8.7%；葡萄 11.6 万吨，增产 2.1%；杏子 38.1 万吨，减产 14.1%；石榴 4.9 万吨，增产 0.4%；梨子 1.7 万吨，增产 16.0%；红枣 68.8 万吨，减产 6.5%；核桃 27.9 万吨，增产 7.2%；巴旦木 7.6 万吨，增产 25.2%。年末全区牲畜存栏 711.9 万头（只），比上年增长 1.0%；年末牲畜出栏 630.6 万头（只），比上年增长 4.3%。全年肉类总产量 19.54 万吨，比上年增长 4.5%。奶产量 13.17 万吨，比上年增长 6.4%。禽蛋产量 7.31 万吨，比上年增长 6.5%。全年水产品产量 1.44 万吨，比上年下降 0.7%。其中，养殖水产品产量 1.38 万吨，比上年下降 2.1%；捕捞水产品产量 0.05 万吨，比上年增长 25.0%。相比 2014 年，喀什地区各县市所确定的特色产业农产品种植的推广速度、总产量以及所占农业生产的比重都出现了显著的增长，巴旦木、樱桃、苹果等特色农产品的增幅明显，扶贫带动的特色林果经济、庭院经济已经日渐成熟，并且已经开始结出累累硕果。

2019 年年末农业机械总动力 477.37 万千瓦，比上年增长 2.1%。拥有大中型及以上拖拉机 6.71 万台，小型拖拉机 10.47 万台。农作物耕种收综合机械化水平 78.66%，机耕率 98.5%，机播率 92.03%，机收率 39.8%。全年全部工业增加值 97.12 亿元，比上年增长 3.3%。其中规模以上工业增加值增长 7.0%。在规模以上工业中，按经济类型划分，国有控股企业增加值增长 15.5%，股份制企业增长 6.4%，私营企业下降 4.4%。按工业三大门类划分，采矿业下降 18.5%，制造业增长 9.9%，电力、热力、燃气及水生产和供应业增长 10.6%。按轻重工业划分，轻工业增长 12.8%，重工业增长 5.1%。在地区重点监测的行业中，电力、热力生产和供应业增加值增长 8.9%，建材工业增长 12.0%，纺织工业下降 15.1%，农副食品加工业增长 36.9%，有色金属冶炼和压延加工业下降 7.7%，化学原料和化学制品制造业下降 54.7%。全年规模以上工业企业利润 9.1 亿元，比上年增长 21.3%。从工业门类看，采矿业实现利润 0.4 亿元，下降 60%；制造业实现利润 7.4 亿元，下降 3.9%；电力、热力、燃气及水生产和供应业实现利润 1.3 亿元，增长 218.2%。全年规模以上工业企业营业收入 157.5 亿元，比上年增长 27.2%。全年规模以上工业企业产品销售率 99.62%，比上年提高 2.86%。全年实现建筑业增加值 102.75 亿元，比上年增长 2.0%。相比 2014 年，农业生产过程中的机械化程度显著提升，机械化率翻了两倍。对外开放和发展特色产业等驱动在推动工业稳定发展的同时，也在带动工业的供给侧改革。相比 2014 年，工业的产值总规模在不断扩大，但结构不断优化，更加适应新时代发展绿色、新兴产业的需求，以采矿、金属冶炼、化学工业为代表的传统工业的规模和占比不断下降，纺织服装、食品加工、电子产品组装等新导入产业的增量和增幅不断扩大，已经成为引领和支撑当地工业发展的优势产业。

2019 年批发和零售业增加值 58.59 亿元，比上年下降 1.5%；交通运输、仓储和邮政业增加值 22.93 亿元，增长 34.0%；住宿和餐饮业增加值 15.71 亿元，增长 3.6%；金融业增加值 42.14 亿元，增长 6.1%；其他服务业增加值 392.65 亿元，增长 6.6%。全年规模以上服务业企业实现营业收入 71.20 亿元，增长 27.0%；营业利润 13.29 亿元，增长 776.0%。全年货物运输量 4587.07 万吨，比上年增长 16.0%。其中，铁路完成货运量 994.94 万吨，增长 12.3%；公路完成货运量 3590.98 万吨，下降 1.1%；民航完成货邮吞吐量 1.15 万吨，增长 31.4%。全年旅客运输量 3946.41 万人次，比上年下降 4.22%。其中，铁路完成客运量 658.36 万人次，增长 20.4%；公路完成客运量 3012.40 万人次，下降 9.6%；民航完成旅客吞吐量 275.64 万人次，增长 21.3%。年末全地区民用汽车保有量 60.22 万辆（包括三轮汽车和低速货车），其中，私人汽车保有量 52.74 万辆。全年邮政行业业务总量完成 2.06 亿元，比上年增长 20.9%。邮政寄递服务业务量完成 7703.97 万件，增长 9.6%；邮政寄递服务业务收入完成 0.50 亿元，增长 14.1%。全年完成电信业务总量 35.87 亿元，增长 7.6%。年末全地区固定电话用户 28.97 万户，增长 12.7%；移动电话用户 327.21 万户，增长 1.3%。移动电话普及率 77.03 部/百人。互联网宽带用户 53.40 万户，增长 39.6%。2014 年铁路完成货运量 291.47 万吨，比上年下降 24.82%；公路完成货运量 2763 万吨；民航完成货邮吞吐量 7595 吨，增长 23.6%。相比之下，2014 年铁路完成客运量 295.88 万人次，增长 5.3%；公路完成客运量 6695 万人次；民航完成旅客吞吐量 142.82 万人，增长 24.3%。当年公路通车里程 23439.5 公里，其中高速公路里程 828.5 公里，年末民用汽车保有量 16.72 万辆，比上上年末增长 10.00%。其中，私人汽车 11.34 万辆，比上上年末增长 16.91%；载客汽车 12.43 万辆，比上上年末增长 12.08%；载货汽车 3.80 万辆，比上上年末增长 7.65%。邮电业务总量 16.29 亿元，比上年下降 7.65%，其中，邮政业务总量 10490.12 万元，同比下降 10.52%；电信通信业务总量 15.24 亿元，下降 4.03%。年末固定电话用户达到 32.65 万户，同比下降 7.69%，固定电话用户普及率达到 7.27 部/百人；年末移动电话用户达到 202.25 万户，同比增长 8.24%，移动电话普及率达到 45.06 部/百人；互联网宽带用户达到 19.30 万户，同比下降 1.71%。对比 2014 年和 2019 年的统计数据，不难发现服务业和运输行业最突出的变化是总量和盈利能力都在不断提升。这些变化一方面得益于在扶贫发展战略的支撑下，喀什地区各县市的基础设施建设特别是交通设施日益完善，各县市逐步从原来的交通网络的"盲肠"地带或空白地带，变成现代化交通网络的有机组成部分，从而使当地与疆内其他地州市乃至国内其他省份甚至是国外的交流更加便利，搭建了支撑当地服务业和交通通信行业发展的硬件设施，另一方面由于喀什对外开放的步伐不断加快以及本地特产农产品种植和加工、生态休闲旅游等产业的发展，外部市场与喀什之间的人流、物流规模不断增长，成为带动服务业与通信、运输行业快速发展的强大内生动力。特别是随着喀什机场的运输以及口岸功能不断完善，喀什此前地处南疆腹地、远离自治区首府和内地市场的劣势正在被快速发展的航空运输经济弥补。依托日渐加密的航班运输，喀什按照市场原则配置生产要素以及全面对接和融入内地市场的能力和速度都在显著提升。

2019 全年社会消费品零售总额 226.39 亿元，比上

年增长 9.1%。按经营地统计，城镇消费品零售额
163.99 亿元，增长 9.0%；乡村消费品零售额 62.40
亿元，增长 9.1%。按消费形态划分，商品零售额
192.00 亿元，增长 9.1%；餐饮收入额 34.39 亿元，
增长 8.9%。按规模划分，限额以上单位消费品零售额
63.14 亿元，增长 12.6%；限额以下单位消费品零售
额 163.25 亿元，增长 7.8%。在限额以上企业商品零
售额中，按商品类别划分，粮油、食品类零售额比上
年下降 4.3%，饮料类下降 11.0%，烟酒类增长
18.0%，服装、鞋帽、针纺织品类下降 20.2%，化妆
品类增长 31.6%，金银珠宝类增长 5.5%，日用品类
增长 27.7%，家用电器和音像器材类增长 21.6%，建
筑及装潢材料类增长 43.0%，汽车类增长 13.1%，石
油及制品类增长 21.1%。对比 2014 年，当年全年社会
消费品零售总额 148.38 亿元，比上年增长 13.01%。
按经营地统计，城镇零售额 107.22 亿元，增长
10.40%；乡村零售额 41.16 亿元，增长 20.44%。按
消费形态统计，商品零售额 127.98 亿元，增长
11.44%；餐饮收入 20.40 亿元，增长 20.82%。五年
来，社会消费品零售总额已经实现翻一番，城镇消费
和乡村消费的零售总额分别实现了一倍以上的增长。

2019 全年固定资产投资（不含农户）比上年增长
14.5%。在固定资产投资中，第一产业投资增长

65.1%；第二产业投资增长 136.8%（其中工业投资增长 141.4%），第三产业投资下降 8.4%。全年房地产开发投资完成 58.85 亿元，同比增长 213.6%，其中住宅投资同比增长 143.9%，商业营业用房投资同比增长 220.0%。商品房销售面积 28.57 万平方米，比上年增长 50.6%，其中住宅销售面积 25.17 万平方米，增长 65.6%。商品房销售额 11.3 亿元，增长 151.9%，其中住宅销售额 9.79 亿元，增长 199.7%。对比之下，2014 年全年完成固定资产投资 702.68 亿元，比上年增长 12.37%。从产业投向看，第一产业完成投资 29.02 亿元，同比增长 12.99%；第二产业完成投资 220.23 亿元，增长 17.51%。其中工业完成投资 219.79 亿元，增长 17.63%；第三产业完成投资 453.43 亿元，增长 9.99%。

2019 全年外贸进出口总额 21.2 亿美元，比上年增长 30.6%。其中，出口 20.9 亿美元，增长 31.7%；进口 0.3 亿美元，下降 15.8%。货物进出口顺差（出口减进口）20.6 亿美元，比上年增加 5.08 亿美元。全年一般公共预算收入 58.15 亿元，比上年增长 3.2%。其中，税收收入 37.24 亿元，增长 8.0%。全年地方财政支出 801.3 亿元，增长 16.2%。相比之下，2014 年全年完成外贸进出口总额 12.06 亿美元，同比增长 7.39%，其中出口 11.87 亿美元，同比增长

6.53%，进口 1951.3 万美元，同比增长 109.1%。五年来，以喀什经开区（综保区）为载体的对外开放的步伐不断加快，使喀什经济的对外开放程度越来越高，进出口总额也增长到了扶贫工作开始时的两倍，特别是出口总额的增长速度十分抢眼。

2019 年年末金融机构人民币各项存款余额 1744.19 亿元，比上年增长 5.8%。其中，非金融企业存款余额 263.09 亿元，下降 6.1%；住户存款余额 789.04 亿元，增长 6.6%。年末金融机构人民币各项贷款余额 891.76 亿元，增长 12.5%。其中，住户贷款 207.58 亿元，增长 8.5%；非金融企业及机关团体贷款 684.18 亿元，增长 13.8%。全年保险公司各项保费收入 38.80 亿元，比上年增长 20.1%。其中，财产险收入 23.49 亿元，增长 24.8%；寿险收入 15.32 亿元，增长 13.7%。全年各类保险赔款及给付支出 15.21 亿元，增长 45.9%。其中，财产险赔款 13.04 亿元，增长 32.6%；寿险给付 2.17 亿元，增长 24.5%。对比之下，2014 年全年金融机构各项存款余额 1046.4 亿元，较上年同期增长 11.32%，其中单位存款 568.05 亿元，同比增长 12.3%，个人存款 469 亿元，同比增长 9.4%。各项贷款余额 458.7 亿元，同比增长 12.66%，其中短期贷款 188.84 亿元，同比增长 0.42%，中长期贷款 251.37 亿元，同比增长 16.59%。存贷比为 43.8%。全年保费收入 17.69 亿元，同比增长 10.56%。其中，财产保险保费收入 10.03 亿元，同比增长 4.48%；人寿保险保费收入 5.62 亿元，同比增长 20.60%；意外伤害险 0.81 亿元，同比增长 9.46%；健康险 1.23 亿元，同比增长 29.47。赔款支出 7.45 亿元，其中财险赔款 5.63 亿元，寿险赔款 1.82 亿元，各险种综合赔付率为 42.11%。

2019 年全年城镇居民人均可支配收入 27430 元，比上年名义增长 7.0%。其中，工资性收入 19112 元，经营净收入 1917 元，财产净收入 350 元，转移净收入 6051 元。农村居民人均可支配收入 9385 元，比上年名义增长 9.6%。其中，工资性收入 3510 元，经营净收入 2908 元，财产净收入 104 元，转移净收入 2863 元。年末企业职工基本养老保险参保人数 14 万人，比上年增加 4.36 万人；机关事业养老保险在职参保人数 15.54 万人，增加 1.19 万人；城镇职工基本医疗保险参保缴费人数 36.44 万人，增加 3.95 万人；城乡居民基本医疗保险参保人数 409.59 万人，增加 5.26 万人；失业保险参保缴费人数 24.48 万人，增加 4.14 万人；工伤保险参保缴费人数 31.99 万人，增加 5.08 万人；生育保险参保缴费人数 32.66 万人，增加 7.93 万人。全地区共有 10.73 万人享受城市居民最低生活保障，81.74 万人享受农村居民最低生活保障。年末全地区社会福利院 4 个，床位数 835 张，集中收养 624 人；特困人员供养机构 54 所，床位 4776 张，集中收养 3277 人；儿童福利院 11 个，床位数 3209 张，集中收养 1345 人；社会福利医院 1 个，床位数 480 张，集中收养 444 人；救助站 3 个，床位数 370 张，集中收养 23 人。对比之下，2014 年全年城镇居民人均可支配收入 17310 元，比上年增长 12%。其中，工资性收入 10833 元，增长 1.4%；经营净收入 1082 元，下降 2%；财产净收入 602 元，增长 12.4%；转移净收入 4793 元，增长 27%。农牧民人均纯收入 7133 元，增长 16.1%，其中，工资性收入 944 元，增长 50.5%；家庭经营收入 5976 元，增长 12.6%；转移性收入 213 元，增长 2.7%。年末城乡居民储蓄存款余额 465.54 亿元，当年新增 39.34 亿元，比上年同期增长 9.24%。年末全区参加城镇职工养老保险人数为 15.94 万人，参加城镇基本医疗保险的人数为 72.06 万人，参加失业保险的人数为 16.21 万人，参加工伤保险 20.72 万人，参加生育保险 18.13 万人。全年有 71.32 万居民得到城乡最低生活保障，发放低保金、物价补贴、一次性补贴合计资金 14.48 亿元，其中农村居民 50.83 万人，发放低保金、物价补贴、一次性补贴合计资金 8.04 亿元，城镇居民 20.49 万人，发放低保金、物价补贴、一次性补贴合计资金 6.45 亿元。全年实际超过扶贫标准的人口 14.36 万人。年末全区社会福利单位 40 个，从业人员 525 人；民办老年公寓 2 个，床位数 300 张，收养人员 163 人；农村敬老院 98 所，床位数 3819 张，集中收养 2889 人；儿童福利院 13 个，床位数 2057 张，集中收养 5351 人。全年销售社会福利彩票 3.92 亿元，筹集社会福利资金 1.37 亿元。开展新型农牧区合作医疗工作的县（市）12 个，参加新农合的人口 320.56 万人。开展新型农村养老保险有 12 个县（市），参保人员 138.01 万人，发放养老保险金额 20087 万元。

2019 年，全年全地区争取各级各类科技计划项目 153 个；科技成果转化示范专项 22 个；年末拥有县以上部门属研究与技术开发机构 3 个，其中自然科学研究与技术开发机构 2 个，科技信息与文献机构 1 个；重点实验室 1 个；已挂牌的工程技术研究中心 1 个；拥有高新技术企业 12 个，科技型中小企业 13 个；高新技术产业园区 2 个，其中，自治区级 2 个；生产力促进中心 1 个；自治区农业科技园区 4 个；星创天地 2 个，其中国家级 1 个；众创空间 5 个，其中国家级 1 个；科技企业孵化器 2 个，其中国家级 1 个。普通高等院校 1 所，2019 年招生 4008 人，其中少数民族 1612 人；在校生数 15957 人，其中少数民族 8706 人；毕业生数 2765 人，其中少数民族 1551 人。教职工

1087 人，其中少数民族 444 人。现有专任教师 584 人，其中少数民族 212 人，具有高级专业技术职称 191 人，占 32.7%，硕士及以上学历 465 人，占 79.6%。中等职业教育学校 27 所，全年招生 21597 人，在校生 63975 人，毕业生 15817 人。普通高中 43 所，全年招生 34044 人，在校生 107390 人，毕业生 36302 人。初中 94 所，全年招生 75232 人，在校生 206412 人，毕业生 63481 人。普通小学 1075 所，全年招生 146494 人，在校生 682720 人，毕业生 78544 人。特殊教育学校 5 所，全年招生 247 人，在校生 1284 人，毕业生 202 人。幼儿园 1804 所，全年招生 109860 人，在校生 414054 人，毕业生 144289 人。对比 2014 年，当年全区普通高等院校 1 所，招生人数 3041 人，在校学生 11465 人，毕业生 3034 人。专任教师 740 人，其中具有高级专业技术职称 229 人，占 30.9%，具有硕士以上学位的 425 人，占 57.4%。成人高等学院 1 所，招生人数 86 人，在校学生 141 人，毕业生 55 人。中等专业学校 27 所，招生人数 16988 人，在校学生 35034 人，毕业生 7224 人。其中，普通中专 13 所，招生人数 11294 人，在校学生 19935 人，毕业生 3523 人；职业高中学校 8 所，招生人数 5694 人，在校学生 15099 人，毕业生 3701 人。普通中学校 208 所，招生人数 8.48 万人，在校学生 26.14 万人，毕业生 9.33 万人。

其中普通高中学校 42 所，招生人数 1.77 万人，在校学生 6.72 万人，毕业生 3.04 万人。普通初中学校 166 所，招生人数 6.71 万人，在校学生 19.41 万人，毕业生 6.3 万人。小学学校 957 所，招生人数 8.51 万人，在校学生 42.61 万人，毕业生 7.04 万人。学前教育 979 所，招生人数 7.64 万人，在校学生 14.63 万人，毕业生 6.8 万人。小学学龄儿童入学率 99.70%，初中学龄入学率 99.35%，小学毕业升学率 99.34%，初中毕业升入普通高中升学率 48.24%，初中毕业升入高中阶段升学率 86.14%（高中阶段含技工学校学生数、乌昌中职、内职）。全年承担国家级科技计划项目（课题）9 项，自治区级科技计划项目 46 项，地区级科技计划项目 14 项。其中国家科技惠民项目 2 项，科技成果转化项目 4 项，科技成果转化基地 1 个。共争取各类科技计划项目经费 2213 万元。全区专利申请被国家知识产权局授权的专利达 99 件，其中发明专利授权 4 件，实用新型专利授权 49 件，外观设计专利授权 46 件。总体来看，喀什地区的基础教育特别是义务教育基本保持对适龄学生全覆盖的态势，中等教育、职业教育、高等教育呈现出快速发展的态势，特别是新近引入的产业落地以及园区建设，对职业教育和高等教育的发展起到了带动和助推作用。产学研一体化的趋势开始日渐明显，智力储备为全地区的可持续发展，奠定了必要的基础。

除了上述经济社会发展的主要领域之外，经过五年的扶贫发展带动，喀什地区在发展旅游、公共卫生建设、生态环境保护等方面也取得了令人瞩目的发展建设成就，绿水青山就是金山银山的理念以及可持续发展的道路已经成为引领发展的科学指导。2019年年末全地区文化系统共有艺术表演团体15个，公共图书馆13个，文化馆119个，文化站210个。拥有广播电视台13座，乡镇广播站169座，广播综合人口覆盖率99.01%，电视综合人口覆盖率99.13%。2019年全年全地区接待游客1517.25万人次，比上年增长63.4%；旅游收入152.13亿元，增长68.7%。目前全地区共拥有A级景区49处，其中，5A级3处，4A级8处；星级饭店27家，其中5星级1个，4星级2个；星级农（牧）家乐168个，旅行社32家。2019年年末共有医疗卫生机构3309个，床位29381张，卫生技术人员21900人，其中，执业医师和执业助理医师7016人，注册护士8621人。医院140个，其中，综合医院113个，专科医院11个，民族医院11个。医院拥有床位20636张，卫生技术人员14054人，其中，执业医师和执业助理医师4089人，注册护士6304人。卫生院170个，拥有床位8317张，卫生技术人员4762人，其中，执业医师和执业助理医师1697人，注册护士1337人。

妇幼保健院（所、站）13 个，拥有床位 215 张，卫生技术人员 289 人，其中，执业医师和执业助理医师 124 人，注册护士 85 人。村卫生室 2405 个，乡村医生 4349 人，卫生员 500 人。医疗卫生机构疾病预防控制中心 14 个，卫生技术人员 405 人。

随着工业结构的变化，以采掘、冶炼为代表的传统工业已经作为落后产能被逐步淘汰，风能、太阳能等清洁能源的占比不断提高，再加上节水现代农业的快速发展，喀什地区五年来的生态环境建设水平不断提高。2019 年，全地区完成人工造林面积 35 万亩，退耕还林面积 27.2 万亩。全年能源消费总量 868.9 万吨标准煤，比上年增长 4.0%。规模以上发电企业清洁能源发电量 20.56 亿千瓦时，同比增长 19.5%，占全部规模以上发电企业发电量的 28%。规模以上高耗能行业综合能源消费量 154.99 万吨标准煤，增长 15.8%；万吨以上重点能耗企业综合能源消费量 159.62 万吨标准煤，占规模以上工业综合能耗的 91%。全社会用电量 93.49 亿千瓦时，增长 25.8%。全年监测的塔什库尔干河、叶尔羌河、盖孜河、提孜那甫河、库山河、喀什噶尔河、吐曼河、克孜河 8 条河流 15 个监测断面中，优良水质断面 15 个，占比 100%；2 座湖库 4 个监测点位水质优良比例占到 100%；14 个城市集中饮用水源地均未受到人为污染，达到国家Ⅲ类以上水质水源地 6 个，占比 42.86%，水质保持稳定的水源地 8 个，占比 57.14%。喀什市有效监测天数 364 天，空气质量达到优良天数 141 天，占 38.8%；污染天数 223 天，占 61.2%。相比 2014 年扶贫工作开启之年，喀什地区的雾霾、沙尘暴、河流断流等问题发生的频次大幅度下降，经济社会发展与生态环境建设之间已经建立起平衡发展与相互促进的良性循环。

精准扶贫全面开启的五年来，内地省市对口支援喀什地区扶贫与发展的力度也在不断增大。2014 年四省市对口援建喀什地区共 267 个项目，援助到位资金 45.1 亿元。2010—2014 年累计援建项目 1152 个、援助资金 166.16 亿元。从各省市援建的具体规模来看，山东省援助项目 82 个，援助到位资金 10.14 亿元，2010—2014 年累计援助资金 38.45 亿元；上海市援助项目 103 个，援助到位资金 19.46 亿元，2010—2014 年累计援助资金 71.26 亿元；广东省援助项目 43 个，援助到位资金 8.54 亿元，2010—2014 年累计援助资金 30.56 亿元；深圳市援助项目 39 个，援助到位资金 6.96 亿元，2010—2014 年累计援助资金 25.88 亿元。2014—2019 年，四省市对喀什地区的资金和项目援助力度没有丝毫减弱，仅 2019 年一年，四省市对口援建项目 247 个，援助到位资金 68.11 亿元，资金到位率 100%。其中，山东省援助项目 52 个，援助到位资金

14.52 亿元；上海市援助项目 104 个，援助到位资金 28.35 亿元；广东省援助项目 52 个，援助到位资金 12.54 亿元；深圳市援助项目 39 个，援助到位资金 12.70 亿元。内地省市的对口援助有效缓解了喀什地区在现代化发展上面临的资金、人才、技术、信息方面的障碍和制约，为喀什的扶贫发展工作提供了强有力的支持与保障。

总体来看，五年来喀什的社会经济发展取得了举世瞩目的成就，2019 年各项经济社会发展指标平均都可以达到 2014 年的 1—1.5 倍，近 70% 的贫困县、贫困乡、贫困村、贫困户、贫困个人已经彻底摆脱贫困。面对 2020 年全面决胜小康和"十三五"规划收官，喀什地区将继续把中央、自治区的科学指导与统筹规划和本地发展建设改革的实际相结合，不打折扣地继续沿着以发展带扶贫，以扶贫促发展的道路，统筹处理加强对外开放和振兴本地产业之间的关系，推动各县市经济社会的稳定发展，确保全域各个行政区划单位以及所有居民都能够按照计划如期脱贫，为建设富强、民主、文明、和谐、美丽的喀什地区而持续努力奋斗。

二 让帕米尔高原明珠更加璀璨夺目

——塔什库尔干扶贫发展的举措与成就

塔什库尔干塔吉克自治县位于喀什地区西南部的帕米尔高原上，是中国唯一的塔吉克族自治县，处于昆仑山脉、喀喇昆仑山脉、兴都库什山脉等几大山系的交汇处，平均海拔在 4000 米以上，其中位于中巴边境上的乔戈里峰海拔 8611 米，为全世界仅次于珠穆朗玛的第二高峰。

塔什库尔干是喀什地区行政管辖范围内唯一全域位于帕米尔高原上的县级单位，其自然地貌、传统经济和产业结构与位于绿洲上的其他县市具有较大差异。塔什库尔干是目前喀什地区唯一与邻国建有陆路口岸的管辖县。该县西北、西南、南面分别与塔吉克斯坦、阿富汗、巴基斯坦（巴控克什米尔）三国相连，东南和东部与喀什地区的叶城县、莎车县接壤，北面与克孜勒苏柯尔克孜自治州的阿克陶县相连。在与巴基斯坦的国境线上建有红其拉甫口岸，在与塔吉克斯坦的交界处建有卡拉苏口岸，两者目前是喀什地区以及新疆通往南亚、中亚地区的重要陆路口岸。

"塔什库尔干"一词在维吾尔语中的意思是"石头砌起来的城镇"，主要用来指代县城北郊外的石头城遗址。该县自古以来就是古代丝绸之路翻越葱岭（帕米尔高原），取道瓦罕走廊，通往中西亚地区途中的重要战略据点，地理位置十分重要。目前，全县总面积2.5万平方公里，截至2019年年底总人口达到4.1万，共有塔吉克、柯尔克孜、维吾尔、汉、回等民族生活在境内，其中塔吉克族的人口比例为81%左右，属于典型的单一民族占主体，其他各民族聚居的少数民族自治县，也是全国人口最少的少数民族自治县和县级单位之一。目前，全县共辖2个镇、11个乡，其中1个为民族乡。

塔什库尔干地势由西南向东北倾斜，山脉自西南向东北延伸。地形主要有山地、谷地、盆地和丘陵。全县属高原高寒干旱、半干旱气候，冬季漫长寒冷，干旱少雨，光能充足，热量欠缺；春秋季短暂多风，有少量降雨；无明显夏季，大致可分为冷暖两季。年平均湿度为30%—35%；年均日照时间达4435小时；昼夜温差大，平均日较差在15度左右，最大日较差25度；年平均降水量为68毫米；平均风速为2米每秒；

平均无霜期为 113 天。由于地处高原和相对干旱、寒冷的气候，塔什库尔干全县不适合大规模的种植农业生产，可耕地面积相对较小，在新疆全区以及喀什全地区都属于可耕地面积最小的县区之一。作为帕米尔高原上的典型高寒牧区，塔什库尔干是畜牧业大县，畜牧业是全县最主要的支撑产业和基础产业，农牧民70%以上的主要收入来自畜牧业，成为农牧民增收的主要途径。

2001 年，塔什库尔干作为全国高原、高寒、边境、贫困县之一，被列为全国 35 个国家级扶贫开发的重点对象之一。2005 年，国家授予塔什库尔干以兴边富民县的称号。2006 年，新疆维吾尔自治区将塔什库尔干列为全疆六类艰苦地区。2014 年精准扶贫战略开始实施以后，塔什库尔干因为自然条件恶劣，资源贫瘠，被自治区和地区两级列为扶贫工作"难啃的硬骨头"。随着近年来新疆大力推动各地州市深度参与丝绸之路经济带建设，塔什库尔干逐步开始被喀什地区作为深度融入中巴经济走廊建设、共建丝绸之路经济带、开发现代农牧业、开发高原旅游的重点着力点。2014 年当年，自治区核定全县扶贫开发工作重点村共 39 个，在册建档立卡贫困人口共 3248 户，总计 1.3 万人，贫困人口占农业人口的 45.12%。在喀什地区以发展带扶贫，以扶贫促发展的举措带动下，塔什库尔干的社会经济呈现出稳定发展的态势，畜牧养殖和高原旅游两大支柱产业成为该县发展的内生动力以及居民增产增收的主要举措。2018 年，塔什库尔干获得商务部 "2018 年电子商务进农村综合示范县" 荣誉称号。2019 年，该县又被授予国家级 "平安农机示范县" 的荣誉称号。2019 年内，全县又通过喀什地区和新疆维吾尔自治区有关贫困县摘帽的所有规定评估，全县所有建档立卡贫困户、贫困村、贫困乡镇都按照预定计划顺利脱贫。2020 年 1 月 24 日，新疆维吾尔自治区人民政府正式批复同意塔什库尔干塔吉克自治县退出贫困县序列。

（一）做大做强传统产业：牦牛养殖业从零散向集约化的发展转变

由于塔吉克族的传统产业就是牦牛的饲养和相关肉类、乳制品产品的制作和售卖，加之全域高寒干旱的山地不具有大规模发展种植业的先决条件，因而在确定本地扶贫发展产业的过程中，塔什库尔干县委县政府立足本地实际情况，将在新形势下做大做强传统畜牧业，作为发展本地优势产业和实现居民脱贫的主抓手。

1. 长期制约传统牦牛养殖业发展的挑战

塔什库尔干的塔吉克族拥有悠久的牦牛养殖历史和丰富的养殖经验，但在发展现代养殖业的背景下，传统的自发小规模养殖产业逐步暴露出品质不高、生产效率低下、与市场需求严重脱节的情况，在很大程度上制约了特色拳头产品的形成。具体来看，传统牦牛养殖业主要存在以下明显弊端①。

第一，牦牛品种的优良程度参差不齐。传统的牦牛育种没有长远育种规划，育种工作缺乏科学性和规范性，牦牛生产性能有待提高。公牦牛饲养期过长，最长的时间甚至是到8—9年才淘汰出栏。这种现象带来的直接问题是，整个养殖群体中的基因库过于单一，牦牛群中的公牦牛在不阉割的情况下，会因为自由交配带来近亲繁殖，品种退化严重，不利于品种的改良和提升。产犊间距过长，一年一产犊的比例很小，大多为三年两产，因此导致饲养母牦牛的效益较低。自然交配公母比例过高，造成公牦牛饲养成本较高，牦牛人工授精等现代化养殖技术并没有开展。由于牦牛乳制品是塔吉克民族的主要食物来源，过低的牦牛生

---

① 本部分中有关牦牛产业发展的相关数据和观点，参见袁理星等《新疆喀什地区塔什库尔干县牦牛产业扶贫调研报告》，《中国牛业科学》2020年第1期。

产率导致母牛通常没有足够的乳汁满足牧民的饮食需求和牛犊的成长需求，进而致使牛犊的生长速度过于缓慢，或者是体格发育较为迟缓，达不到现代市场对成年牛的品质需求。

第二，全县缺乏条件优良的草场。由于塔什库尔干域内多为高原干旱和半干旱地区，不良的降水和温度条件导致草场的条件不尽如人意。据统计，全县90%以上的草场为6—8级的草场，产量低且不稳定，因此导致载畜量偏低。据科学计算，如果要保证牦牛生长以及产乳、产犊的正常，平均每头牦牛需要13公顷的草场。特别是到了冬季或严重干旱的时候，草场的水草资源严重不足，需要人工补充饲料。但由于打草场和人工草场产量低，严重缺草，牦牛产业发展受到较大制约。人工种植草场因受灌溉用水的制约，饲草产量低，优质饲草的高产优势没有得以发挥。种植农业中留下的秸秆等废弃资源，在人工补充饲料中的普及程度相对较低，造成了严重的浪费问题。

第三，牦牛产品经营销售体系尚未建立，牦牛产业带动力弱。塔什库尔干牦牛产品加工企业少，牦牛肉及乳制品产品都是以初级加工为主，深加工产品几乎没有，牦牛肉乳产品缺乏品牌建设，致使独具特色的有机、绿色牦牛产品参与市场竞争力弱。在这种情况下，牦牛的养殖产业仍然长期停留在牲畜的饲养等较为低级的阶段，以牦牛为中心的完整产业链无从谈起。

第四，基层畜牧兽医人员缺乏，技术力量薄弱。牦牛人工授精工作未开展，致使牦牛改良工作迟缓。国家和自治区给予村级防疫员的补助标准低，由于待遇低，村级防疫队伍不稳定。人才队伍建设的缺失和滞后，一方面导致牦牛饲养的品质始终无法得到有效提升，另一方面致使牦牛饲养产业应对疾病、自然灾害的能力较弱，严重影响现代养殖业的构建与发展。

第五，牦牛养殖产业与全县的扶贫发展战略之间存在较为明显的脱节。由于在自然条件、技术储备、传统观念等方面的严重落后或者严重不足，牦牛饲养虽然在当地是从业人数最多、分布范围最广、历史最为悠久的行业，但在实践操作层面只是表现为特色产业，距离成为能够支撑发展的优势产业还相差甚远。这种问题尤其突出地表现在肉牛产业在脱贫攻坚中所发挥的作用过于微弱。脱贫攻坚是全面建成小康社会的重大战略部署，发展产业扶贫是解决当前贫困问题最有效的途径。作为当地的特色产业，牦牛养殖因为资金、技术、人才等方面的原因，未能迅速发展成为当地的拳头产业，这就导致了该产业如果不进行必要的现代化改造，根本无法成为能够承担起推动全县大多数居民增产增收的龙头产业和物质基础。

　　自 2001 年被国家确定为边境地区重点发展的扶贫
对象以来，自治区和喀什地区派出多批次的专家学者
调研团队，赴塔什库尔干实地调研牦牛的养殖情况以
及以牦牛养殖为中心的上下游配套产业的建设和发展
的前景。在实地调研和科学研判的基础上，专家们一
致认为，塔什库尔干的自然地理状况决定了牦牛养殖
及其配套的产业是完全符合当地实际情况的特色产业，
同时也是在实践层面上最具有可操作性的本地现有产
业。但是，如果要真正将特色产业上升为优势产业，
特别是要在国家扶贫开发的政策形势下，使之真正成
为能够突破传统产业发展瓶颈，有效促进本地居民增
产增收，支撑当地社会经济可持续发展的核心动力，
塔什库尔干仍然需要以自治区和喀什地区提出的扶贫
发展战略为指导，在政府的有序引导下，充分发挥市
场对资源的优化配置作用，不断加强对传统牦牛养殖
产业在资金、科技、人才培养方面的投入力度，确保
产业发展真正能够符合市场的需求，让产业支撑下的
发展与扶贫真正实现良性的互动。

　　具体来看，专家指导组给出的有关优化和发展塔
什库尔干的牦牛养殖产业的指导意见主要包括以下几
个方面：

　　第一，结合当地的实际情况，系统编制科学合理
的牦牛饲养产业规划。建议以全县高寒且干旱的自然

条件为基本出发点，积极引进优质种牦牛，培育优质种牦牛。加强对劣质种公牦牛的去势工作，将去势工作纳入乡镇村的绩效考核范围。加强母牦牛配种及妊娠前、中、后期的饲养与管理，确保母牦牛的膘情，产后早配种，缩短产犊间距，提高饲养母牦牛的效益。积极开展牦牛人工授精工作。与此同时，应该压缩公牛的饲养数量，将公牛饲养的重点转向培育良种种牛上。此外，为了尽可能地解决因塔吉克族居民日常饮食对牛乳制品的需求而导致没有足够的牛乳供牛犊生长以及制作相应的外销乳制产品的问题，政府应推动当地牧民引进西门塔尔牛或新疆褐牛，作为解决日常生活所需乳制品的替代性来源。

第二，加快本地的饲草料保障体系建设，确保一年四季都能够为牦牛饲养提供稳定的食物来源，不断增强饲养工作抵抗不利自然条件的能力。政府可筛选适合高原气候的优质牧草种子，邀请草原专业设计人员实地设计，因地制宜，保持原有地貌，依山补播和种草，既可以大规模绿化荒山干漠，又能提高草产量。针对全县饲草料价格偏高、供应不足、饲草营养低等问题，可结合当地以及周边县市的种植农业所产生的秸秆、落叶等农业废料，走人工草料对口加工的道路，不断提高人工草料在喂养中的比例，争取可以做到在冬天大雪封山或者因为干旱导致自然草场供应不足的情况下，在一定时期内使用人工制成草料喂养牦牛。此外，在不断提高饲料供给稳定性的同时，还要不断加大牲畜饮用水源建设。政府应结合草场以及人工草料制作点的布局和规划，在周边或邻近地区合理推动水资源储备设施的规划与建设。特别是要在近期规划建设的草场周围增建高位蓄水池和引水槽数量，修水塔、埋管道、铺滴灌，节水增草，不断稳定提升草场的硬件条件，扩大其自然承载能力。同时还要积极探索冬、春季因缺水牧草干枯死亡及牧草安全越冬问题，加强人工草场的管理，真正做到规划一片，建成一片，成活一片，避免出现因规划失当或管理不善带来的人工草场大面积枯萎或死亡的情况，杜绝土地资源的闲置和浪费。

第三，通过绿色品牌建设拉动牦牛饲养产业。充分利用援疆单位的优势引进屠宰加工企业，生产排酸分割牦牛肉，通过精细分割与加工，生产优质高档牦牛肉，提高牦牛肉的附加值。在牦牛产品、副产品加工和精深加工上下功夫，提品质、创品牌、拓市场、增效益。协调对口援疆省市，组织当地营销企业、合作社利用已有的营销渠道，积极宣传推介塔什库尔干优质牦牛肉与乳制品，设立牦牛产品营销专卖店和销售专柜，建立农超对接营销网络，积极参加当地举办的各类农畜产品博览会，提高特色优质畜产品的知名度，扩大产品销量。

第四，不断加强与牦牛饲养密切相关的人才队伍建设。不断加强牦牛人工授精技术人员的培训力度，为开展牦牛人工授精工作奠定基础。国家、自治区、地区三个层面应不断提高基层兽医、防疫人员的工资待遇和标准，真正做到能够让技术人员安心地留在产业发展的一线工作，切实从村镇两级稳定住支撑产业发展所必需的人才队伍。同时，应由地区、县两级党委、政府（行署）牵头，以基层的技术人员为主体，对个体或者企业养殖户、合作社社员以及消费者定期开展相应的专业技能培训，不断提升以牦牛饲养为核心的全产业链上的各个环节中的人员的专业知识水平和专业技能水平，为本地优势产业的构建，提供扎实的智力保障。

2. 牦牛养殖业振兴助推扶贫发展

着眼于牦牛养殖在当地居民生活和就业中占据的主导地位以及传统牦牛养殖业在转型升级发展过程中面临的现实障碍，自2014年喀什地区全面推进扶贫发展工作以来，塔什库尔干县委县政府主动作为，不仅确定将继续坚持发展牦牛养殖作为"十三五"规划时期全县社会经济发展的特色产业，而且充分发挥政府引导与市场资源配置相互配合的优势，通过主动对接内地市场，倒逼传统牦牛养殖业在供给侧改革中全面实现向上发展突破，为本地居民的就业创业以及增产增收，提供强有力的支持。在过去的五年中，塔什库尔干一手积极引进内地市场中在牦牛养殖以及牛肉收购和乳制品销售等方面具有明显优势的企业，用企业的直接参与特别是订单化生产，拉动牦牛养殖业的发展壮大，另一手狠抓传统牦牛养殖业在资金、技术、信息、人才等多个方面的短板，不断推进牦牛养殖的提质增效，不断扩大特色产业发展对当地的带动作用。通过五年的不懈努力，塔什库尔干不仅让传统牦牛养殖业实现了大规模现代化的蜕变，而且在喀什地区、新疆全区乃至内地市场打响了"塔县牦牛肉"这一金字招牌，让曾经仅仅是塔吉克族游牧时期自给自足的牦牛养殖，成为实现全县脱贫发展，在丝绸之路经济带建设上为塔什库尔干争取一席之地的黄金产业。

积极引入内地优势企业的参与，是塔什库尔干振兴牦牛产业的第一抓手。作为市场经济活动的最重要参与者，企业是推动各种生产要素在市场机制下实现高效配置的关键性推手。塔什库尔干地理位置偏远，信息相对闭塞，本地市场比较狭小，因此并不具备按照市场原则推动本地要素高效配置的天然优势。通过从内地市场引入具有优势的企业，可以通过企业的信息、网络与运作，直接架起当地通往内地市场的康庄大道，不仅省去了本地政府在补齐上述短板方面的投资和建设，而且给本地的产业发展指明了方向。作为对口支援喀什地区扶贫发展的内地省市之一，深圳市高度重视塔什库尔干的产业发展与产业扶贫问题。通过深圳市援疆前线指挥部与县委、县政府的精准对接和积极引导，来自深圳的和正源集团在当地的扶贫发展规划中看到了自己的商机，并于2014年正式在塔什库尔干投资建厂，负责收购和宰杀当地饲养的牦牛，并向内地市场销售牦牛肉制成品。近年来，随着中国人民生活水平的不断提升，人们对绿色、无公害、有机食品的需求越来越高，特别是内地各大城市的市民餐桌带来的刚性需求更是越发旺盛。塔什库尔干无污染的自然环境以及塔吉克族自然放养牦牛的饲养模式，恰好满足了内地市场对于纯天然牛肉的需求。根据和正源集团与当地牦牛养殖户达成的协议，每年开春之后由饲养户在海拔4000米以上的政府划定草场上自由放牧，让牦牛在充分融入当地自然环境的过程中自由生长，以确保肉质的鲜美。到9月中旬前后，牦牛陆续从高海拔草场下山，回到山下牧民的定居点。牧民们选择达到5岁以上的牦牛卖给和正源集团在当地设立的收购点。为了方便牧民与企业直接对接，该公司在全县10个乡镇设立了收购点。收购的牦牛运到县城屠宰、分割、速冻。除供应喀什本地市场，主要空运深圳，再精加工，制成麻辣牦牛肉、牦牛肉丸、酱香牦牛肉等食品。建厂初期，位于县城的屠宰场每天能够处理加工 4 头牦牛，经过后期的扩能改造后，逐步实现日加工量达到 10 头。日后随着业务量的进一步增长，厂区的日均加工量也将进一步增长。结合日后可能的业务发展情况，和正源集团有可能进一步在县城的厂区追加投资，除保留原来的屠宰厂区之外，还将设立牦牛肉精加工和包装的相应生产线。此外，为了在深圳市场积极推介公司产品以及塔什库尔干的牦牛品牌，该公司在深圳市龙岗区开设了一家牦牛品鉴馆，并且雇佣来自塔吉克族贫困家庭的青年在店里承担品牌介绍和商品售卖服务。从当地的市场反响来看，和正源集团的投资与开发获得了极大的成功，品鉴馆长期门庭若市，牦牛肉的各类制成品广受当地消费者的追捧，甚至出现供不应求的局面。

在成功塑造企业的收购与销售网络的同时，县委县政府还将国家扶贫基金、深圳援疆扶贫基金加以有效整合，结合企业投资的需求，采用资金鼓励的手段，积极引导当地的扶贫户投身于牦牛养殖行业。根据全县的统一规划，参与牦牛养殖业的贫困户可以享受到相关的政策奖励，每个贫困户由扶贫资金负责分配发放 3 头牦牛进行饲养，同时在购买牦牛时可以享受到财政给予的每头牛 2000 元人民币的专项补贴。专项激

励政策收到了良好的实践执行效果，不仅塔吉克族的
牦牛养殖数量稳步提升，而且其他民族的贫困户也愿
意参与牦牛养殖来实现发展脱贫。全县的牦牛养殖数
量也在飞速增长，从 2014 年的约 1 万头迅速增长到
2019 年的将近 5 万头。在牦牛养殖规模总体上快速增
长的同时，还应确保当地的生态自然环境能够有效承
载牦牛数量的增加，特别是要在饲料、水资源等方面
及时跟上，尤其是当自然草场无法满足需求之时，必
须能够保持牦牛饲养的稳定。如前所述，尽管塔什库
尔干背靠昆仑山、喀喇昆仑山上的冰川，但实际上属
于高寒干旱地带，水草丰美的高品质优质草场并不多。
牦牛数量的增长将进一步加剧自然资源不充足的问题。
在深圳援疆前线指挥部与县委县政府的引导和鼓励下，
来自深圳的企业援建了太阳能发电站，将山沟的水上
引，建成蓄水池，通过管道，对贫瘠的沙石地实施喷
灌，还下蓄昆仑山雪水浇灌牧场，目前已培育 7000 亩
草场。针对冬季牦牛下山入栏饲养对人工饲料的需求
大幅增长，深圳的企业还在县城援建了年产 10 万吨的
科技饲料厂，能够确保在冬季为全县现有养殖规模的
牦牛饲养提供蛋白质含量高的人工饲料，确保牦牛能
够获得充足营养，不会在天气最寒冷的时候失膘。

　　在一系列的鼓励和支持性政策的引导下，全县的
牦牛养殖业呈现出蓬勃发展的态势。塔吉克族牧民纷

纷迁入政府在山下兴建的安居富民房，不用再长年累月地跟随牦牛在高寒山地游牧。富民房附近都配套建设了牦牛圈养的固定设施以及对口企业的固定收购点，方便居民在冬季能够在山下定居点继续饲养牦牛，同时也能更为便利地出售适龄的成年牦牛。据统计，凡是根据和正源集团等收购企业要求进行科学饲养的牦牛，在适龄时期出售后，平均每头能给农户带来将近1万元的收益。在深圳企业投资牦牛养殖业仅两年后，全县的扶贫发展就呈现出积极向好的态势。至2016年年底，已有1501户6402人脱贫，占全县总贫困人口的49%，完成该县近一半的脱贫任务。在牦牛产业的持续拉动下，至2019年年底，全县的所有贫困户均已摆脱贫困。

塔什库尔干推动牦牛养殖业发展的另一个重要的主抓手，是通过建立合作社制度，不断提升牦牛养殖业的科技含量和标准化操作程度，确保牦牛饲养水平的稳定。塔吉克族原来主要以游牧的方式在高寒地带饲养牦牛，由于自然的水草环境不理想，加之每家每户的经济条件不一样，因此牦牛的饲养水平也参差不齐，难以满足现代市场对商品稳定质量的严格要求。正是在这种形势下，成立专业化的牦牛饲养合作社，吸纳不同的牦牛散养户参加，制定和执行统一的饲养标准，成为全县推动牦牛养殖业提质增效的必由之路。

截至目前，全县推广的牦牛合作社普遍是采取以乡镇为基本单位，由政府制定规划，当地的牦牛养殖大户具体负责牵头实施，具有相关从业经验的企业予以配合，当地养殖户广泛参与的模式。以提孜那甫乡提孜那甫村养殖专业合作社为例，发起人是曾经在内地大城市打工和卖过烤羊肉串的村民。这些人普遍头脑较为灵活，发展致富意识较为强烈，同时家庭经济条件相对宽裕。在发展牦牛养殖业的过程中，这些农户的牦牛养殖规模最大，效益最好，率先成为村里、乡里的致富带头能手。在乡政府的号召下，这些致富带头人走上了先富带动后富的道路，牵头成立牦牛养殖专业合作社，让更多的村民能够充分享受牦牛养殖业的发展红利。村民成立的合作社以村庄或安居房附近的牦牛入栏养殖点为依托，对牦牛采取统一的喂养和防疫标准，附近饲养牦牛的任何农户都可以选择参加。在之前散养的模式下，农户养大一头牦牛需要 5 年时间，但在加入合作社后，有了科学的喂养方式，养大一头牦牛只需要 3 年。更重要的是，农户原来把牦牛都卖给了外地来的贩子，小规模的零散收购通常卖不上价，平均一头牦牛也就卖到五六千元。现在通过合作社与企业建立的固定合作关系与稳定的收购网络，农户们可以把牛就近卖给企业的收购点，然后统一运到县城的工厂进行宰杀。这样不仅让牦牛的收购与宰杀更加干净卫生,确保了牛肉的质量不受影响,而且由于减少了中间层级的倒手和抽成,农户可以从平均每头牦牛的销售金额中增加收入 2000 元,品质较好的牦牛平均每头的销售金额可以超过 1 万元。很多参与合作社的农户仅用了两年的时间,就完全实现了脱贫。对于刚刚参加合作社的新养殖户来讲,只要能够卖够 5—6 头牦牛,就能够实现完全脱贫。

在鼓励散户、小户积极参与合作社的同时,当地政府也以合作社为基本立足点,大力提升科技发展对牦牛养殖业的支持。为解决本地原有牦牛品质退化的问题,政府多次对接中国科学院、中国农业科学院的专家来实地考察,并与相关科研单位和企业合作,设立本地的牦牛引进中心,从外地引进品质较好的大通牦牛,尝试在本地繁育和推广。各个乡镇成立的专业化合作社,成为外来品种牦牛在本地基层的试验与推广的实践中心。经过合作社、科研人员的通力合作,由农户具体承担的外来牦牛品种的试验取得圆满成功,成年牛和新出生牛犊的成活率都达到了100%,初步解决了引进牦牛的适应性问题。在此基础上,政府通过资金扶持政策引导,让合作社把新引进的品种介绍给广大农户养殖。新品种牦牛的抗病能力和成长速度都更胜一筹,大大减少了从牛犊到长成出售的时间,大幅度压缩了贫困户养殖收回成本的时间周期,有效增长了每头牛的销售价格,因而受到了当地养殖户,特别是贫困养殖户的热烈欢迎。除此之外,为确保参与合作社的农户能够真正掌握新品种牦牛的养殖技术,合作社还通过与对口收购企业合作,定期邀请专业的技术人员前来合作社给牦牛进行防疫检查,同时给养殖户讲解相关的饲养知识,培训相关的技能。特别是为了支持本县与巴基斯坦、阿富汗、塔吉克斯坦交界处的高海拔山区村庄的牦牛饲养问题,政府还重点推荐了 3000 米海拔以上的新品种牦牛养殖技术,并且依托位于边境上的村庄规划建设相应的合作社与牦牛核心群养殖基地,并将数百头牦牛根据草场面积分配到各边境村,作为村集体资产进行管理,依托村里的合作社进行半放牧半舍饲养殖,使当地居民能够在放牧的过程中,更好地部分承担巡视祖国边境的义务,有效地融合了增产增收工作与守护边境安全的职责,真正实现了边境线上的养殖户一边放牧,一边守边。至 2018 年年底,全县所有的贫困户都已经成功饲养上了新品种的牦牛。以合作社为支点的牦牛养殖业已经对全县脱贫发展工作实现了全方位、无死角的覆盖。

塔什库尔干还将建设抵边村。根据规划,完善 13 个村牦牛基础养殖设施建设,根据天然牧场面积,核定载畜量,建设相应面积棚圈、草料库。800 头优质牦牛为进一步提高合作社对牦牛养殖业的带动作用，2018年全县提出政府引导鼓励农牧民"小畜换大畜"的发展思路，计划在2018—2020年期间，为支持基层牦牛养殖合作社的建设和发展，将规划和布局标准化棚圈1600余座，建设18万余亩人工饲草料地和2700余座饲草料棚，持续引进优质的牦牛品种，把研发高原有机农牧产品，叫响高原绿色、生态、有机品牌，作为下一步的发展方向。通过企业的参与合作，特别是以和正源集团为代表的专业公司提出的"产销一体化"思路，政府积极引入社会资本参与标准化棚圈和草场建设，两年内基本实现了10万亩高效节水草场建设，培育扩繁4500亩野生牧草和紫花苜蓿，10万吨颗粒饲料加工厂的建设任务。以提孜那甫乡提孜那甫村为代表的各个乡镇的合作社纷纷与建成的草料场以及其他繁育、加工厂签订定点合作协议，对口享受这些单位提供的技术和物资支持。这些设施的全面落地与建成，为农村合作社的稳定运营提供了良好外部保障。①

总体来看，塔什库尔干县委县政府在牦牛养殖业上的长远规划与深圳市在援疆过程中成功导入的各类生产要素，实现了完美的融合。各方的真抓实干，精

---

① 相关数据来源于《塔什库尔干塔吉克自治县2019年政府工作报告》。

准发力，扎实推动，让作为地方特色产业的牦牛养殖，逐步成为引领地方发展的龙头产业，成为带领全县居民摆脱贫困制约的拳头产业。通过五年多的发展，原来只是作为塔吉克族牧民的生产工具和食物来源的牦牛，逐步成为家喻户晓、广受好评的"科技牛""增收牛""守边牛"。昔日的高原之舟正在日益成为载着全县居民全面脱贫奔小康的新时代致富之舟。深圳也在对口支援扶贫的过程中收到了良好的效果，为本地企业在喀什地区扶贫发展中寻找新的商机，搭建了良好的平台，实现了内地省市在对口援疆的进程中，依托新疆本地的特色产业，与新疆的扶贫发展真正实现互利共赢，彻底突破了外界关于内地省市对口支援新疆扶贫只是内地省区市向新疆单项输血的传统认知，开创了以政府引导为基础，以市场原则为指导，有关各方共同参与，收效十分明显，可预见时期内发展具有可持续性的合作模式。当前，塔什库尔干已经依托牦牛养殖成功实现全域脱贫，但这项拳头产业的发展只能说是初见成效，在牦牛养殖的带领下，塔什库尔干将用更为辉煌的社会经济发展成就，助力丝绸之路经济带建设。

（二）不断发掘新兴产业：打造帕米尔
　　高原上的绿色发展

塔什库尔干位于帕米尔高原上，其独特的地理位置，决定了其产业结构势必完全不同于位于低海拔绿洲上的喀什地区其他县市。高寒、缺氧、干旱的自然环境决定了在构建产业多元化的方面，塔什库尔干除了发展牦牛养殖的传统特色产业之外，不具备像莎车、伽师等兄弟县市一样，发展以特色林果种植为主要内容的绿色种植业经济。但帕米尔高原所具备的一系列其他的独特的资源，也为塔什库尔干在持续壮大牦牛饲养产业之外，不断丰富产业结构，构筑多元化的绿色产业发展格局，提供了取之不尽、用之不竭的丰富资源。

1. 打造全域生态观光：发展高原绿色旅游

随着中国人民的生活水平不断提升，旅游已经成为越来越多的人在茶余饭后放松身心的休闲方式。正是基于对这种越发庞大的消费市场的有效开发，发展全域旅游，打造绿色环保的旅游经济，正在被越来越多的地方列为带动经济社会发展的重要支柱。但在进行旅游开发的过程中，全国很多地方出现了制约旅游产业可持续发展的问题：一方面，各地都在打造古镇游、大院游、农家乐、购物一条街等旅游资源，彼此之间的差异性较小，同质性严重的问题使游客非常容易产生审美疲劳，进而导致游客资源很难维持可持续的增长；另一方面，不少地方存在对旅游资源特别是自然资源的过度开发的问题，以及旅游资源过度商业化的问题，旅游产业的过分逐利行为违背了发展旅游的初衷。在对全国其他地区旅游产业开发成就和问题进行系统分析的基础上，塔什库尔干提出了立足于帕米尔高原的自然资源，特别是"高原明珠"的美誉，以及作为全国唯一的塔吉克族自治县所拥有的丰富的塔吉克族文化资源，打造独具特色的全域绿色旅游的思路。自 2014 年精准扶贫全面开启以来，全县将全域旅游的发展与扶贫脱贫产业实现有机结合，逐步走出了一条以高原风光加民族特色风情旅游助推扶贫的成功发展道路。

从带有显著高原风情的自然景观来看，塔什库尔干拥有雪山、湖泊、峡谷、沙丘等丰富的旅游资源，具备开发与打造完整的帕米尔高原风光旅游路线的硬件基础。在高原雪山方面来看，当地拥有昆仑山三座最高峰，即公格尔峰、公格尔九别峰[1]、慕士塔格峰。

---

[1] 公格尔峰、公格尔九别峰以及下文将介绍的喀拉库勒湖、布伦库勒湖等高原景点，实际上位于克孜勒苏柯尔克孜自治州阿克陶县境内，不属于塔什库尔干行政管辖。但由于这些景点位于从喀什前往塔什库尔干的必经之路 314 国道沿线，且远离阿克陶县核心区域，因此通常被塔什库尔干打造的帕米尔高原旅游品牌当作与当地辖区内景观有机联系的资源进行宣传。

三山耸立，如同擎天玉柱，屹立在美丽的帕米尔高原上，成为帕米尔高原的标志和代表。公格尔峰是昆仑山脉的最高峰，海拔 7649 米（也常说海拔 7719 米）。山顶常年积雪，山间悬挂着条条银光闪闪的冰川，极为壮观。公格尔九别峰，海拔 7530 米，为昆仑山第二高峰。公格尔峰与公格尔九别峰同在西昆仑山脉西端的山脊线上，两者直线距离仅 15 公里。它们的山体相连，是一对联袂而立的姊妹峰。但相比于前两个姊妹峰，昆仑山第三高峰慕士塔格峰更为出名。慕士塔格峰是一座浑圆形的断块山，海拔 7509 米（登山界常说海拔 7546 米），地势高亢，气候寒冷。终年以固体降水为主，因此非常利于冰川的发育。围绕其主峰两侧发育了许多规模较大的山地冰川，呈放射状分布格局，数百平方公里冰体自 7000 米以上的山顶一直覆盖到5100—5500 米的高度，成为特殊的峡谷式溢出山谷冰川。该区有现代冰川 128 条，冰川总面积 377.21 平方公里，其中冰川面积超过 10 平方公里的有 8 条，最大的冰川为位于主峰东侧的科克萨依冰川，面积可达86.5 平方公里，为塔里木盆地的重要冰川作用区之一，素有"冰川之父"的美称。由于慕士塔格峰山体形状特别，且位于喀什到塔什库尔干的 314 国道旁边，交通条件便利，加之有山脚下喀拉库勒湖美景的映衬，因而成为游客访问游览的美景圣地，被当作帕米尔高原和塔什库尔干高原风景的代表性标志。从高原湖泊来看,喀拉库勒湖、布伦库勒湖等高原湖泊近年来广受游客追捧。特别是在慕士塔格山脚下,且靠近314国道的喀拉库勒湖,更是成为游客来到帕米尔高原上"打卡"的第一站网红景点。湖东面矗立着"冰川之父"慕士塔格峰,西面雄踞逶迤不绝的萨尔阔勒山脉。湖的南面是一片草原,一到夏季来临,这里水清草丰,湖光山色,碧绿的草地,一顶顶白毡房星罗棋布,与澄澈的湖水中皎洁的冰山倒影相辉映,呈现出一幅高原上静谧的图景。在柯尔克孜语中,喀拉库勒湖意思为黑湖,这是因为尽管这里风景如画,但水面无鸟,水里无鱼,类似于生命的禁区,给景区又增添了一丝高原上的神秘感。布伦库勒湖在柯尔克孜语里的意思是山脚下的湖。该湖三面被高海拔雪山环绕,由于冰山辉映,湖水银辉熠熠,整个似一个水晶世界。与喀拉库勒湖不同的是,这里是高原动物的天堂,湖面上经常有大群的水鸟栖息,湖边也常常有牧民饲养的成群牛羊出现,充满了生机与活力,与喀拉库勒湖以静谧为美的风格形成鲜明的对比。白沙湖同样是近年来游客最为追捧的目的地。湖区位于帕米尔高原上的昆仑山腹地,因周边的山坡上堆满大风吹来而沉积下的白色砂砾而得名。广阔的高原湖泊与高大的砂山交相辉映,呈现出了一幅高原上特有的神奇美景。由于景区在 314 国道旁边，是帕米尔高原上距离喀什市区最近的景点之一，因而来访的旅客近年来呈现出逐年上升的态势。特别是随着 314 国道被纳入中国到巴基斯坦国际公路进行扩能改造，路况不断变好，以及自驾游热度的不断提高，慕士塔格峰、喀拉库勒湖、白沙湖等景点开始被各地游客自发地串起成为一条黄金旅游线路。

从历史和人文景观资源来看，塔什库尔干同样具有呼应古代丝绸之路与现代丝绸之路经济带建设主体的丰富资源。从古代遗迹来看，石头城成为古代丝绸之路的历史见证。这座由碎石块堆砌而成的城堡位于塔什库尔干县城的北侧，主体建筑建在高丘上，形势极为险峻。城外建有多层或断或续的城垣，隔墙之间石丘重叠，乱石成堆，构成独特的石头城风光。汉代时，这里是西域三十六国之一的蒲犁国的王城。唐朝统一西域后，这里设有葱岭（帕米尔高原）守捉所。元朝初期，大兴土木扩建城郭，旧的石头城换了新颜。光绪二十八年（1894），清廷在此建立蒲犁厅，对旧城堡进行了维修和增补。1954 年这里成为塔什库尔干县城的驻地。石头城是古代丝绸之路上的重镇，是沿着塔里木盆地的丝绸之路中道和南道的交会点，喀什、莎车、英吉沙及叶城通往帕米尔高原的数条通道都在此地汇合，具有十分重要的考古和历史研究价值。公主堡位于塔什库尔干县城以南约 70 公里的明铁盖（即现在的卡拉其古），当地塔吉克人称它为"克孜库尔干"，意为"公主的城堡"。公主堡海拔超过 4000 米，是古代丝绸之路穿越瓦罕走廊，翻越喀喇昆仑山、兴都库什山途中的必经之地，亦是中国国内已知的海拔最高的古代城堡遗迹之一。相传唐玄奘在前往西天取经的时候，曾经路过公主堡。当地至今流传着许多与丝绸之路和西天取经相关联的传统与故事。

从当今的人文旅游资源来看，红其拉甫国门则是当之无愧的典型代表。红其拉甫口岸地处塔什库尔干西南部的喀喇昆仑山腹地之中，是中国与巴基斯坦（巴控克什米尔）的交界处，从喀什到巴基斯坦北部城市塔科特的 314 国道（喀喇昆仑公路）穿过口岸出境。红其拉甫本是帕米尔高原上的一个贯通喀喇昆仑山的山谷，当地的塔吉克语的含义为"血谷"或"死亡之谷"。整个山谷氧气含量不足平原的 50%，风力常年在七八级以上，最低气温达零下 40 多摄氏度。红其拉甫国门位于中巴两国在山谷里的国界线上，海拔 4733 米，是世界上海拔最高的国门口岸。近年来，随着中国与周边国家共建"一带一路"倡议的力度不断加大，特别是中国与巴基斯坦共建经济走廊合作的实质性推进，红其拉甫在中国边防口岸中的名声不断提升，伴随着通过口岸的客货运量不断提升，来此参观的零散游客也在增多。很多外地来到塔什库尔干的商人、游客，都会在身体条件允许的情况下，前往国门参观。

从民族风情方面来看，作为全国唯一的塔吉克族自治县，塔什库尔干拥有全景展示塔吉克族生产生活状况、历史与传统文化的丰富的实物资源。塔吉克族作为喀什地区内聚居的唯一的白肤色少数民族，其风俗、饮食以及传统文化与生活在其他县市的维吾尔族、柯尔克孜族具有较为明显的差异。来此参观的游客完全可以体验到全然不同于新疆以及喀什地区其他少数民族的独特民族风情。带有浓厚民族特色的歌曲《冰山上的来客》《花儿为什么这样红》也可以让游客在思绪中致敬红色经典的同时，更加全方位地认知和理解塔吉克族的传统文化。

游客数量的快速增长使塔什库尔干县委县政府认识到发展旅游的必要性，特别是旅游发展带动扶贫事业快速发展的重要意义。据统计，塔什库尔干拥有国家级、自治区级、地区级非物质文化遗产 36 项，不可移动文物 485 处，4 类 25 处国家级旅游资源，全县的风景集中了山峰、冰川、河谷等，是集观光、探险、文化多元一体的旅游目的地，对于全国各地乃至世界各地的游客来说，都值得一看甚至是多看。但在游客逐步增多的形势下，如何让游客参观完这些大多数免费的自然景观后，不是马上转身离去，而是能够继续留下来，通过在当地的多元化的消费，有效拉动当地经济的发展。换言之，全县不能只在旅游发展的环节中挣到住宿费或加油费，而是要结合本地旅游资源优势，更加全方位地挖掘游客的消费欲望和能力。在新疆其他地区竞相提出通过发展旅游拉动社会经济发展的形势下，特别是在以北疆的喀纳斯湖、天山天池为代表的经典旅游项目越做越有名的情况下，塔什库尔干感受到了旅游发展的压力，但也获取了继续推动旅游发展的动力。通过及时搭上喀什地区发展旅游的时代快车，塔什库尔干确定将发展壮大旅游业作为脱贫攻坚的主导产业之一。2015 年以来，该县提出了以发展"一城三线七十二景点"为主题，以实现全域旅游为目标，量身打造了边境游、乡村游、温泉游、登山游、冰雪游、体验游等旅游品牌。与此同时，全县还积极推动旅游与文化、餐饮、生态、健康、体育等相关产业融合，促进"吃、住、行、游、购、娱"六大要素协调发展，拉长旅游产业链条，以旅游带动全县经济发展。

如何让全县的自然资源真正从外来游客眼中欣赏的风景，变成本地居民口袋中的财富，带动农牧民的生活越过越红火，是塔什库尔干大力发展全域旅游的首要目标和基本着眼点。近年来，塔什库尔干积极推进旅游脱贫富民工程，持续加大对旅游资源的绿色开发以及配套设施的建设力度。2016 年，塔什库尔干又荣获"中国高原风情旅游目的地"与"中国红色旅游边哨文化体验地"两项称号，为全县继续做大做强帕米尔高原旅游的金字招牌，提供了宝贵的契机和强有力的支持。从精准扶贫开始到 2017 年年末，全县已培育 229 家牧家乐，发展乡村旅游示范户 32 家。当年旅游接待 67 万人次，旅游收入 9300 万元。2018 年和 2019 年两年，全县的旅游人数和相关收益基本维持在 10% 左右的增长速度。① 居住在县城附近以及 314 国道沿线的农牧民，成为旅游业助推下扶贫发展的直接受益者。中国和巴基斯坦国际贸易的逐步增长以及塔什库尔干推介本地旅游资源的力度不断加大，使来当地参观旅游的外地游客甚至是外国友人的数量不断增长，最直观的表现就是 314 国道上的车流量和人流量不断增大。正是把握住这样的有利契机，在公路沿线的乡镇政府的引导下，越来越多的贫困户开始响应号召，通过自主筹资或者申请小额贷款的方式，在公路沿线开办具有高原和塔吉克民族特色的风情餐馆，或者销售塔吉克族特色农产品或纪念品的小商铺。这些店铺开业之后，很快就受到了过路的旅客，特别是来当地

---

① 相关统计数据来源于《塔什库尔干塔吉克自治县 2019 年政府工作报告》。

自驾游的外地旅客的热捧，停车消费的人数也在稳步增长。游客们普遍表示，这些店铺的价格非常实惠，而且更为重要的是所提供的饭菜和纪念品都是货真价实的东西，既满足了大家对民族特色和健康食品的需求，也可以让大家充分领略远离城市喧嚣以及过分商业化的真正的传统民族文化。在游客们获得了较好的消费体验的同时，开办店铺的当地贫困群众也真正切身体会到了旅游业给当地社会经济发展带来的红利，最直观的感受和收获是自己的钱袋子开始日渐鼓起来。原来仅能靠传统游牧业或者零星种植业维持生计的居民，终于实现了在家门口投资创业的愿望。不仅如此，店铺的显著优势是经济效益高，且成本回收的周期相对较短。过去通过零散种植业或者传统游牧业往往需要半年甚至是一两年才能取得的经济收益，现在的店铺经营在正常情况下，往往只需要一到两个月，就能全部实现。在夏秋季旅游业进入旺季的时候，特别是暑假、国庆黄金周到来的时候，很多店铺往往一个月的实际获利程度，就已经超过过去传统行业大半年的实际收益。

　　阿曼塔依·居麦是塔什库尔干旅游脱贫富民工程的受益者。他原本是科克亚尔乡科克亚尔村的塔吉克族贫困户，因身体残疾，无法从事传统农牧业生产，家里衣食住行都靠政策补助和亲戚接济。这样的日子一直持续到他全面投身于旅游经济的发展建设之中。随着当地发展全域旅游战略的提出，他开始萌生开饭馆增加收入改善现状的想法，并且找人装修、采购桌灶、购买安装毡房，打造了一个具有浓郁塔吉克族风情的饭店，并且取名为"丝路饭店"。2017 年，在乡村两级干部和亲朋好友的帮助下，位于 314 国道旁边的"丝路饭店"正式开张。营业第一天，饭店的净利润就达到 600 元，超过了过去两个月亲戚朋友们接济的金额。经过一年的努力，饭店开业满一年之后，全年的总收入超过了 5 万元。良好的开端使他更加坚信依靠旅游业发家致富的道路。随着塔什库尔干的旅游发展渐入佳境，阿曼塔依心里又有了新打算。他认为，旅游是当地最响亮的名片之一，他计划将全村有意愿的贫困户组织起来，进一步丰富餐饮种类，提高服务水平，通过牧家乐项目带动其他牧民增收。不仅是阿曼塔依，依托塔什库尔干旅游发展，近年来，不少农牧民都陆续吃上了"旅游饭"。随着皮勒村第一家牧家乐正式开张，今年 58 岁的那扎尔·巴依克也从农牧民摇身一变成了小老板。那扎尔表示，自皮勒村道路畅通后，每年都会有自驾游的游客来到皮勒村，感受独具特色的高原风光和民族风情。他相信随着越来越多的游客来到皮勒村，自家的牧家乐一定会红红火火。

　　事实上，近年来，随着旅游业发展对经济社会的带动作用，特别是对扶贫发展的引领作用越发明显，把"全域资源、全面布局、全民参与"的理念贯穿到经济社会发展的各个行业、各个方面、各个领域，越发成为全县旅游业发展的核心要务。根据全县的中长期旅游发展规划，塔什库尔干将继续依托中巴经济走廊、"一县邻三国、两口通两亚"区位优势、"中国国际高原风情旅游目的地"和"红色边哨文化体验地"品牌优势，竭尽全力做好中巴经济走廊旅游第一城的建设，在"国际文章"中做好全域旅游发展的细节。在战略的具体实施方面，全县将继续秉承人文历史风情与高原自然风貌并举的模式，一方面不断发掘以石头城、公主堡为代表的源远流长、博大精深的传统历史文化，陆续推进以石头文化、塔吉克文化为主要风格的城乡建筑风貌改造，努力发展全域旅游，打造喀什地区和中巴经济走廊上璀璨的历史文化名城。另一方面将围绕帕米尔金草滩打造核心景区，做好金草滩这篇生态旅游大文章，真正使旅游业成为全县各族群众共同的事业，带动一方百姓，致富一方百姓。与此同时，政府将结合牧家乐旅游产业，逐步打造交通沿线景区景点的牧家乐，开启牧家乐旅游扶贫新模式，引导农牧民向旅游服务产业转移，实现一边放牧生产，一边服务接待，增产增收双重保障。在助推旅游经济发展所需要的现代化基础设施建设方面，塔什库尔干也在积极行动，推动与周边县市以及疆内和内地市场的交通互联互通工作。除了继续推进喀什通往红其拉甫国门的 314 国道的扩能改造任务之外，全县目前正在积极支持塔什库尔干机场的建设。待全面建成之后，塔什库尔干机场将成为喀什地区海拔最高的机场，将更方便全国各地的游客直接搭乘飞机抵达当地旅游，有效地拉近了当地的旅游资源与外地游客之间的空间距离。基础设施的不断完善，必将对塔什库尔干打造"丝绸之路经济带"核心区和"中巴经济走廊"起到助推作用，为当地旅游业的发展插上腾飞的翅膀。在"新疆旅游北有喀纳斯，南有塔什库尔干"的旅游发展的口号的带动下，农牧民在融入全域旅游发展的大潮中继续增产增收，将是充分诠释当地发展的另一幅生动画卷。

2. 培育口岸经济：助推国际商贸物流

在积极融入丝绸之路经济带建设的进程中，新疆提出的基本发展战略是充分发挥本地的地理位置优势，积极构建现代物流体系，支持和带动国际商贸的发展。在喀什地区的发展战略中，全面加强对外开放，在对外经贸合作中找到新的发展契机，也被当作重要的着力点。在喀什地区所辖的各县市中，塔什库尔干是唯一与邻国建有陆路边境口岸的县，在喀什地区的对外开放与国际经贸合作中，占有不可替代的优势地位。在自治区和地区不断加大对外开放的背景下，塔什库尔干紧抓中巴经济走廊建设的有利契机，立足于不断强化和丰富陆路口岸的功能建设，不断夯实和拓展全县参与对外经济合作的平台。经过多个部门的共同努力，塔什库尔干依托陆路口岸逐步建成了促进边贸发展的多种平台，让不断发展壮大的国际经贸物流成为拉动当地发展脱贫的另一重要动力。

塔什库尔干建有与巴基斯坦接壤的红其拉甫口岸以及与塔吉克斯坦接壤的卡拉苏口岸，两者分别是中国与巴基斯坦、塔吉克斯坦之间唯一的陆路口岸，在喀什、新疆以及全国向西开放的进程中，占据不可替代的地位，发挥着十分关键的作用。为积极响应中央第二次新疆工作座谈会精神，借力喀什经济特殊开发区建设迅猛发展态势，塔什库尔干将打造"高原口岸特色旅游贸易"品牌纳入驻地经济发展规划和战略大局，依托"一县邻三国"的优势，多层面设计，推进中巴、中阿、中塔边民互市贸易区建设。为解决中巴红其拉甫口岸、中塔卡拉苏口岸位于高海拔无人区，不适合在附近发展边贸商业的问题，塔什库尔干谋划在县城建设边民互市贸易区，作为喀什经开区（综保区）在当地的有效延伸。

根据发展规划，塔什库尔干的边民互市区占地122

亩，内含商贸、旅游、餐饮、住宿等多个功能，涉及口岸联检单位、地方政府相关机构等多个执法部门。为便于出入境边防检查和边民互市贸易区管理，考虑到巴基斯坦边境通行证科技含量较低，阿富汗、塔吉克斯坦两国尚未颁发边境通行证，且毗邻国家国内形势动荡这一实际，在前期边民互市贸易区建设规划、选址等问题上，该项目积极征求红其拉甫边检站意见、建议，同时结合口岸出入境实际，积极参与项目调查、研讨，多次牵头喀什地区行署与巴基斯坦移民机关、塔吉克斯坦边防部队开展会晤，商讨边民互市贸易区建设事宜，就边检查验专用通道设置、优化查验环节、各功能区划分等课题提出了科学的建设意见，并被采纳，增加了边检机关对边民互市贸易区的管理权重。

2013 年 7 月，新疆维吾尔自治区人民政府正式批准建立塔什库尔干边民互市贸易区的实施方案；2014 年 6 月，边民互市贸易区主体工程正式破土动工。塔什库尔干边民互市贸易区的建设是服务"丝绸之路经济带"和"中巴经济走廊"的又一重大战略举措，为进一步增强服务地方经济发展的"引擎"动力，红其拉甫边防检查站积极研究类型化、配套化服务举措，在"高原生命驿站""孔道110"等便民服务品牌的基础上向出入境涉外企业推出了"惠企十条"服务措施，并与巴基斯坦苏斯特移民局签订了《深化执法合作协议书》，联合推出"预约通关""延时通关"服务，建立警务合作救援机制，设立共同提高边检服务水平宣传日，推动与毗邻国家共同开展提高边检服务水平工作向深层次迈进。

经过五年多的建设，2019年10月，塔什库尔干边民互市贸易区的主体工程，包括监管库、一级商铺交易区、二级市场展销区、综合服务中心、结算中心等正式建成投产。自封关运营以来，贸易区受到国内以及邻国商人的热捧。尤其是作为边民互市最主要参与者的巴基斯坦商人认为，贸易区为巴基斯坦的商贸物流对接中国市场，提供了便利的硬件条件。从2019年10月5日货物批量进入贸易区，到2019年年底，全区的贸易总额已达1024万元人民币，其中九成以上为进口货物，进口产品多为印度洋海鲜、工艺品、坚果、纺织品等。在区内，进口货物将在海关查验之后，利用公路运输快速分拨至喀什，然后通过航空、铁路、高速公路运输，全面运送到新疆及其内地各大城市的消费市场。来自巴基斯坦的进口产品也获得了中国国内消费市场的好评，很多商户慕名来到贸易区，直接向巴方的商户下订单。经过数月的成熟运作，贸易区内已逐步形成针对进口海鲜水产品，以及松子等农产品的快速查验、通关、分拨运输的成熟网络。

在巴基斯坦商人和商品借助贸易区加大进入中国

市场力度的同时，中国企业也凭借贸易区的便利条件，主动尝试开发邻国市场。喀什经开区（综保区）的建立，已经使内地的部分家电、电子产品、服装、食品加工等企业开始在喀什地区各县市落地与集聚。随着塔什库尔干边民互市贸易中心的投产，这些企业也纷纷开始到当地寻找商机，希望借助"一带一路"政策的东风，把商品、服务销售到巴基斯坦市场。在管委会的积极推介下，截至 2019 年年底，已经有超过 5 家的中方企业商户进驻贸易区，主要从事批发、零售等相关业务。此外，喀什经开区（综保区）的很多企业，也高度重视塔什库尔干边民互市贸易区的设立所带来的巨大潜在商机，纷纷在贸易区设立相应的办事处和联系点，未来有望大规模进驻贸易区。随着中巴贸易量的不断增长，边民互市的贸易量也在呈现出快速增长的态势。为积极适应边贸快速发展的实际需求，管委会下一步将继续按照海关总署和乌鲁木齐海关的要求，进一步提升通关效率，打造更好的营商环境，同时配合当地政府做好相应的预留设施和配套设施的建设工作，为中外客商提供更为优质和便捷的海关服务，推动塔什库尔干在不断加强对外开放的进程中，持续巩固"中巴经济走廊第一城"的地位。

除了给中巴商人和企业带来巨大的便利之外，边民互市贸易区的建立以及国际商贸的快速发展也给塔什库尔干的当地居民带来众多就业机会。据统计，从贸易区投产到 2019 年年底，共有 2000 余名塔吉克族边民不同程度地受益于互市贸易，其中 355 人直接在贸易区从事装卸、搬运、分拣、翻译等工作。在家门口就能找到稳定工作的便利条件，让很多当地青壮年人，特别是来自贫困户的工作适龄居民，省去了到外地打工的烦琐程序和不菲的成本支出，不断增强了在本地就可以劳动致富的信心。在目前仅开放中国与巴基斯坦边民互市的情况下，贸易区已经成为带动居民就业、防止贫困户返贫、增加民众收入的重要推动力。未来随着塔吉克斯坦、阿富汗局势稳定后，更多国家的边民能够直接参与互市贸易，贸易区的口岸经济功能将更为凸显，使越来越多的当地居民充分享受到国际经济合作带来的发展红利。

3. 挖掘清洁能源：持续壮大光伏发电产业

塔什库尔干地处高原腹地，高寒缺氧，土地贫瘠，缺少大江大河带来的充足水资源，不具备大规模发展火电站和水电站的先决条件。现有的电力资源大多是通过高压输电线从邻近县市输送而来，目前可满足全县现有的生产生活规模所需要的用电量。但与此同时，全县因为海拔较高，云雨影响作用相对较弱，因而日照资源相对丰富，年平均等效利用光照可达 1411 小时，对光伏发电产业而言，具有巨大的开发潜力。但是在过去由于受制于资金、技术、人才等多个方面的现实因素，当地并没有把充分开发光伏发电产业作为带动经济社会发展的主要方向，致使丰富的太阳能长期处于被闲置和浪费的状态。

随着2014年精准扶贫大幕的开启，县委县政府开始谋划对接落地新兴的光伏发电产业，将本地充足的太阳能转化为清洁的电能，实现在满足本地电能需求，特别是为未来经济社会发展预留出充足电能供给的同时，通过向外输出清洁电能来获取经济收益的发展目标。在经过与企业一起的调研论证之后，当地正式确定在邻近县城和314国道的交通便利、光照条件充足的地区，率先上马一批光伏电站项目，用产业发展的收益带动周边地区的扶贫发展工作。2015年3月，中科恒源喀什国新电力有限公司率先在塔什库尔干投资光伏发电，计划在塔合曼乡布尔洪村建设总装机容量40兆瓦的发电项目，其中一期投产20兆瓦。该项目是精准扶贫工作全面开启以来，塔什库尔干引进的第一个大型清洁能源项目，也是已经在喀什地区落地的电能项目，在全地区范围内的一次业务拓展。作为该县当年开工的重点项目，建设者们将在两年时间内完成一期工程2亿元的投资建设任务，确保2017年一期工程20兆瓦光伏发电项目并网发电。此项工程的顺利开工，起到了良好的示范性作用，推动了光伏产业在当地的发展迅速进入快车道。

作为对口支援喀什发展的内地援疆省市，深圳市高度重视塔什库尔干通过发展清洁能源带动扶贫发展的工作思路。2017年，深圳市福田区政府、深圳能源集团联合对塔什库尔干的太阳能情况进行实地调研和考察，认为利用当地丰富的光照资源，因地制宜开发地面集中式光伏电站，并用电站投资收益用于扶贫的工作思路具有较强的实践可操作性。同年，深圳市福田区政府、深圳能源集团、塔什库尔干县政府签署三方协议，共同合作建设深能福塔光伏电站项目。该项目前期投资1.74亿元，总装机容量20兆瓦，福田区政府出资9000万元专项补贴，深能集团负责项目融资及建设、运营管理，项目产生的全部收益用于塔什库尔干的扶贫发展工作。这种合作模式开创了由当地政府引导和参与，通过新能源开发带动扶贫发展的全新模式。

2018年5月底，位于塔什库尔干县城东南25公里的深能福塔光伏电站成功建成投产，顺利实现并网发电。电站的海拔在3200米以上，属山前冲积平原，地势平坦开阔，周围光照丰富，年平均等效利用光照可达1411小时。电站共装备77760块光伏电池板组成18个子阵（发电单元），这些光伏电池板采用270Wp多晶硅组件，33 度固定倾角安装，每 20 块电池组件组成一串，每 40 块电池组件组成一面电池板阵，每小时发电量 2.39 兆瓦左右。光伏电池板仰角 33 度，是根据山体的坡度，经过科学测算后确定的，能保证它最大限度地吸收太阳光能。即使有时太阳被云层挡住，它也可以吸收云层的散射光发电，而且光伏电池板是按照能抵御 9 级地震的标准来铺设的，再加上固定支架，一般的风都不会吹翻，确保可以稳定地将太阳能转化为电能。全部正常运转后，可保证向当地以及周边县市输出 2903 万千瓦时的电能。

电站虽然位于 3200 米以上的高寒地区，但深能集团的技术人员每天仍然一丝不苟地检查和维护光伏板，确保所有设备的正常工作。每天太阳升起之前，电站运维部的值班人员就要起床，在中控室的电脑上检查主界面上的电压和断路器，监控后台数据、开关位置状态，还要检查 AGC 直功功率和 AVC 无功功率控制系统。之后，他们就要戴上安全帽，拿上巡视记录本，去升压站巡视，对主变压器、高压开关柜室、SVG 变压器、35 千瓦母线、110 千瓦母线、高压断路器等逐一检查，确认所有设备正常运行，保证太阳出来之后，电站就可以顺利发电。在每天下午 2 点到 4 点之间，也就是当地时间太阳光照强度最强，设备工作负荷最强的时候，工作人员还要再次对整个设备体系与网络进行一次全面的检查，防止出现因为过载等问题导致的故障或危险。晚上 10 点钟太阳落山后，当天值班的人员负责把当天电站的所有电量报表做完上传，还要最后巡视一次设备，保证设备在次日的正常运转。

自 2018 年 5 月底投产以来，电站的运营稳定。截至当年年底，整个电站的上网电量已经达到 2077 万千瓦时，投产当年即实现利润 925.48 万元。根据三方事先签订的发展规划，电站每年向塔什库尔干塔吉克自治县政府支付不低于 500 万元扶贫款，实现精准扶贫 800 户贫困户，每年每户 3000 元扶贫效益，扶贫期限 20 年。因此，根据协议，这些利润全部被用作当地扶贫发展的支持性资金，为当地扶贫事业提供强力支撑。在未来的 20 年内，电站会继续将每年的全部收益投入当地的扶贫发展，受益者涵盖全县的 4140 户贫困户。在 20 年的扶贫期限内，电站将依托每年的利润设立大病医疗互助基金、教育基金、贫困户救济金等方式，使全县贫困人口能够充分享受到扶贫发展的红利。针对电站的投产并网问题，新疆能源局已督促项目单位加强项目后期运营维护，并落实好来自当地的绿色电能优先上电网、全额收购保障等光伏扶贫优惠政策，配合扶贫部门监督扶贫收益合理分配，确保项目发挥扶贫效益，助力当地脱贫攻坚。

塔什库尔干与深圳合作的光伏电站项目，是新疆推动光伏发展带动南疆深度贫困区扶贫发展的典型代表和集中体现。根据新疆的总体规划,光伏规划总共覆盖 19 个县市,光伏扶贫试点项目 26 个,总投资达 70.1 亿元。光伏扶贫试点项目计划每 25 千瓦扶持 1 个贫困户,至少保持 20 年的扶贫模式,可精准扶贫 2.88 万户约 14 万人,确保贫困家庭稳定脱贫、可持续增收。在各方的共同努力之下,深能福塔光伏电站成为深圳援疆首个集中式光伏扶贫项目,也是新疆目前唯一的光伏扶贫项目。

从目前电站的实际运管状况来看,该项目预计未来三年设备年平均利用 1700 小时,累计可实现销售收入 6595.32 万元,累计获得利润 3415.22 万元,年均利税约为 1023 万元。该项目产生的全部收益,将为当地贫困户脱贫搭建快车道。深能福塔塔什库尔干 2 万千瓦光伏发电项目的成功实施,对产业援疆、精准扶贫具有重要的示范作用。在它的带动下,塔什库尔干也将以发展清洁能源为切入点,有望迎来更多高科技、高附加值的产业项目,为脱贫发展战略的稳步实施,奠定了坚实的产业基础。

三　绿洲上的全面决胜小康

——脱贫摘帽前的叶城县扶贫发展的最后冲刺

叶城县为叶尔羌县的简称，因为毗邻叶尔羌河而得名。"叶尔羌"一词为维吾尔语，其含义可以被解释为"土地宽广的地方"，还有的解释为"位于悬崖上的城市"，当地传统文化中流传着本地人民热情好客的传统。当地的维吾尔族将叶城称作"喀格勒克"，《西域图志》作"哈尔噶里克"，《新疆识略》作"哈尔哈里克"。其他的历史文献中还有"哈拉噶里克""哈哈里克"等名称。

叶城县位于新疆维吾尔自治区西南部的叶尔羌河绿洲上，距首府乌鲁木齐1500多公里，距喀什市260公里，南部与巴基斯坦（巴控克什米尔）、印度（印控克什米尔）接壤，国境线长达80多公里，是喀什地区除了塔什库尔干之外，唯一拥有国境线的管辖县。

但由于地形因素的制约、目前叶城县的国境线与尚未建有国际陆路口岸。叶城县南倚喀喇昆仑山和昆仑山脉，北接开阔平原，紧连塔克拉玛干大沙漠，叶尔羌河畔上游，地形南高北低，总面积 3.1 万平方公里，耕地面积 113 万亩。叶城县辖 20 个乡镇、5 个农林牧场、1 个管理区，总人口 50 余万人，聚居着维吾尔、汉、哈萨克、回、柯尔克孜、蒙古、塔吉克、俄罗斯、乌孜别克等 13 个民族，其中维吾尔族占 93%、汉族占 6%、其他少数民族占 1%。叶城是一个以农业为主、农牧结合的典型农业县，也是中国西部边陲的军事重镇及国家扶贫开发重点县和边境县。在南疆以及喀什地区的扶贫发展战略中，叶城也属于南疆深度贫困地区的重点扶贫单位。精准扶贫开始以来，经过连续多年的不懈努力，叶城县也逐步打响了自己的本地特色产业，开始逐步享有"中国核桃之乡、石榴之乡、玉石之乡、歌舞之乡"的美称。2018 年 12 月 13 日，该县入选中国特色农产品优势区名单。

截至 2019 年年底，叶城县与伽师县、莎车县、英吉沙县是喀什地区 11 个县市中仅有的 4 个尚未脱贫摘帽的深度贫困县，是 2020 年全地区全面决胜小康的重点攻坚对象。相比其他 3 县，叶城的地理位置更加偏僻、自然环境更加恶劣，绿洲面积在全县总面积中占比最小，南部管辖的大片地区位于昆仑山、喀喇昆仑山区，因此推动社会经济发展的难度更大，实现全面脱贫的任务最为艰巨。作为喀什地区全面决胜小康所面临的短板，系统梳理叶城县扶贫发展的脉络与成就，不仅可以借助绿洲上县市在发展上存在的共性，充分理解英吉沙等其他3县脱贫发展的情况，而且通过客观认知叶城当地面临的特殊困难与挑战以及党委政府采取的有效应对措施，增强对叶城县夺取脱贫攻坚最终胜利的信心。

（一）叶城县扶贫发展的概况

叶城县是南疆以及喀什地区的深度贫困县，根据2014年精准扶贫开始以来的全面统计，当年全县共有深度贫困乡镇11个、贫困村185个，其中深度贫困村133个，建档立卡的贫困人口3.7万户，合计超过16万人，贫困发生率在32%以上。2014—2018年，经过全面系统的扶贫工作的带动，全县累计70个贫困村退出贫困序列，超过2.5万户，合计超过11万人脱贫。其中，在近三年来的工作计划中，2018年安排20个贫困村退出贫困序列，共8886户，合计38947人脱贫，贫困发生率降至10.88%。2019年，合计完成92个贫困村退出贫困序列，共9582户，合计40878人脱贫，贫困发生率下降到1.74%。2020年计划完成23个贫困村退出贫困序列，剩余 2462 户，合计 7819 人全部脱贫，全面完成脱贫退出任务，成功实现全县的脱贫摘帽工作，圆满完成自治区以及喀什地区交办的全面决胜小康的历史重任。

1. 叶城县的产业发展现状

叶城县属于典型的农业县，落后的传统农牧业在经济社会发展中长期占据着主导地位。自 2014 年扶贫发展战略开始实施以来，产业发展成为全县扶贫的重中之重。全县紧盯传统产业的发展转型，在打造特色品牌中推动农业发展提质增效的同时，积极引进其他现代业态，不断适应喀什地区扶贫发展背景下的居民增产增收与全县实现绿色、可持续发展的现实需求，为全县积极融入西部大开发以及丝绸之路经济带建设，提供强有力的抓手。

（1）第一产业：推进种植结构调整

如何结合当前市场的需求以及现代业态的发展，推动传统农牧业转型发展，是刺激与推动全县经济社会发展的第一抓手。为有效实现这一目标，自精准扶贫开启以来，全县以及各乡镇、各行政村主要采取以下农业发展举措。①

---

① 本部分中有关三大产业发展的数据和观点，参见杨帅《叶城县产业扶贫基本情况、存在问题及建议》，《新疆农业科技》2019 年第 3 期。

其一，不断优化种植业结构和管理模式，坚持因地制宜、宜粮则粮、宜林则林原则，着力提高单产、增加总产，确保县内平衡、略有节余。种植粮食超过7.4万公顷，其中包含豆类。在总体的粮食作物种植面积中，小麦共种植2.2万公顷，玉米种植近3万公顷，水稻170公顷，豆类2.2万公顷。此外，全县还种植棉花近1.5万公顷，蔬菜种植1.2万公顷，特色作物种植4320公顷。设施大棚3.2万座，出台每株补贴0.3元的菜苗补贴政策，引导全县温室和大拱棚实现设施农业"一片一品（牌）"加"一村一品（牌）"的发展模式，全面推动规模化生产，提高生产效益。

其二，坚持林果业提质增效，切实抓实抓细林果填平补齐、嫁接改优、疏密改造、肥水管理、整形修剪、病虫害防控等提质增效措施。聘用991名林果技术服务和生态护林员进行森防、林果管护技术服务，按照平均每13.3公顷配置一名林果技术员的密度标准，共配备和补齐了合计1847名技术员；出台嫁接成活后，平均1棵果树30元、密植园改造20元补助政策。全县合计修剪8000公顷的过密林，密植园改造疏密43.78万棵，嫁接8.8万株，建立县乡级林果科技示范园174个，补助林果专用肥629吨。为6000公顷的核桃丰产园补助油渣超过8000吨，带动全县5.6万公顷林果业肥料投入，实现提质增效。

其三，坚持现代畜牧业提升和传统畜牧业改造两大方向，坚持农牧结合，推进现代畜牧业发展。全县共聘用 263 名建档立卡贫困户草原管护员，作用发挥明显，依托百英实业畜产品加工龙头企业，发展标准化畜禽规模化养殖场 101 个，整合畜牧产业示范园区现有资源，建设良种繁育中心 5 座，发展种羊 4.3 万只，新建养殖小区 14 个，贫困户实现托畜收益分红，依托林下休耕，大力推广林下养殖 39.7 万只。

其四，全面推进低质低效田改造工程，项目共实施贫困户拆旧复垦 1042 户，每户补助 2500 元，合计资金 260.576 万元。截至 2019 年，该项工程进度已经超过 70%，拨付资金 109.75 万元。农田改造工程也将有力地提升土地的产出效率，通过改善生产资料的条件，不断提升农户承载种植特色农产品和粮食作为的能力，让增产增收成为拉动农户继续从事农业生产积极性的强大动力。

（2）第二产业：发展特色产品加工

全县已经初步实现通过建立龙头企业、合作社、农户三合一的运作模式，新建乡村生产车间 94 个，冷藏保鲜库 202 座，菜窖 20 个，大小店铺 787 间，配齐 37 个农机合作社设备，吸纳贫困人口参与服务和常年稳定就业，带动贫困群众收益分红，解决林果业加工、畜牧业规模化生产、农业产业化、贫困户就近就地就业以及农副产品销售等问题。截至 2019 年，叶城县以核桃种植作为核心的特色产业，带动全县各类农产品加工企业成规模地落地与投产，全县配套建立的合作社数量突破 700 个，从业人数接近 15 万，带动农户近 10 万户，收购、分拣、销售、加工核桃产业的相关产品突破 10 万吨，其中自治区级以上农业产业化龙头企业 2 家。

按照扶优扶强的原则，培育了一批以美嘉食品饮料有限公司为代表的农副产品加工企业，着重在核桃全产业链发展中充分发挥作用。除了生产和加工核桃本身产品之外，各企业还积极拓展核桃的衍生商品，研发了核桃油、核桃粉、核桃仁、核桃饮品、核桃麻糖、核桃青皮提取单宁酸等系列深加工产品，形成了一整套成熟有效的加工工艺，初步实现了核桃加工全产业链"吃干榨净"，不断拓展和深挖核桃的价值，为全新核桃产业稳步发展奠定了坚实基础。

在培育壮大农产品加工龙头企业的基础上，全县依托叶城县核桃交易中心，与新疆果业集团合作，在叶城县打造集干果（核桃）仓储及批发交易于一体的核桃交易集散中心，建成后将带动叶城及周边县市核桃产业提质升级，为企业互联互通、共同开发叶城核桃特色资源，发挥集群集聚效应，对促进农产品加工业发展、带动农民增收等方面具有重要的推动作用。

全县通过大力培育农产品加工企业发展，实现了社会和产业效益双赢，农产品加工龙头企业在带动产业发展提质增效的同时，增加了就业工作岗位，提升了群众工资性收入。

（3）第三产业

为支持特色农产品种植和加工，发展相应的配套服务业，成为叶城县第三产业发展的重中之重。具体来看，当地三产的发展重心主要集中在以下方面。

其一，大力发展乡村旅游，推进旅游产业带动扶贫发展。全县支持乡村旅游业发展，目前已建设自治区级旅游扶贫示范点 4 个，分别是宗朗乡 2 村宗郎灵泉景区、洛克乡吾当村锡提亚谜城景区、伯西热克乡托万欧壤村石榴农家乐、萨依巴格乡 17 村核桃七仙园景区，其中伯西热克乡 15 村被评为发展乡村旅游示范村。截至 2019 年，全县成功创建国家 4A 级旅游景区 1 家、3A 级旅游景区 5 家，三星级酒店 1 家、四星级农家乐 1 家，三星级农家乐 2 家，精品酒店和农家乐的数量分别达到十余家。2019 年全年解决景区、农家乐、重点餐厅 465 人就业，其中贫困人口 300 人，初步奠定了用乡村旅游带动扶贫事业的成熟发展模式。

其二，加快农村电商服务体系建设，构建便捷的商业与物流网络。全县目前已建成 20 个乡（镇）级电商站，130 个村级电商服务站点，顺利完成农村电商站点建设任务。电商服务站通过生活服务、信息服务、社区服务和电商服务功能，销售当地特色农产品和日常生活用品，通过电子商务大数据平台进行零售统计，通过百事联服务平台满足百姓手机、固话充值，交通罚款代缴、代购火车票、机票、代缴电费、三农服务、租赁服务、助农取款业务、邮件快投等服务。这些业态的落地不仅方便了周边居民的日常生活，而且有效解决了一批建档立卡贫困户脱贫就业，显著提高了当地群众的生活幸福指数。根据统一规划，全县在物流园建立 800 平方米仓储基地，对接中国邮政、顺丰、齐天大圣等 30 多家国内知名物流和快递企业，逐步形成涵盖县、乡（镇）、行政村，由快递物流包裹下行配送体系、农产品订单收购以及外寄包裹信件上行回流模式共同构建起物流运转闭环运作体系。2018 年度电子商务交易额达到 2525 万元，2019 年突破 3000 万元，正在成为全县社会经济发展中增幅最大和增速最快的行业之一。此外，结合物流和商贸的快速发展，全县也加快了提升乡土人才电子商务能力。截至 2019 年，依托政府引导和企业参与的模式，各类快递和物流企业共为全县举办了 29 期专门的职业培训会或培训班，合计培训 3629 人次，已经成功地为 200 多个建档立卡贫困户在电子商务领域内找到合适的工作并获得稳定的收入。

2. 叶城县产业发展面临的挑战

在整个喀什地区，除了位于帕米尔高原上的塔什库尔干之外，叶城属于绿洲上地理位置较为偏远，自然环境较为恶劣的县。在与喀什地区其他县市相比较之下，支撑产业持续发展壮大的先决条件相对较弱，持续稳定推进现代产业发展的难度较大，成本较高。在全面决胜小康的形势下，全县充分立足于本地的优势和劣势，在持续巩固近五年来发展成就的基础上，不断补齐其他领域中的短板，确保如期完成所有建档立卡贫困户摆脱贫困，全县如期摘掉贫困县的帽子。

（1）产业发展的基础条件薄弱

从自然环境方面来看，叶城县地处昆仑山腹地，沟壑纵横、气候寒冷，人均耕地不足0.2公顷，且土地的平均肥力较差，承载农作物种植的能力较弱，其他土地大多为无法使用的戈壁、沙漠、山地。叶城县水资源较为缺乏，除了自然降水量严重不足之外，叶尔羌河可供开发的水资源也并不丰富，在很大程度上决定了可供灌溉的农作物种植面积无法有效扩大。此外，每年近三分之一的时间是寒冷和大风的季节，因此不适宜种植对气温、湿度较为敏感的农作物。生产资料缺乏、自然气候不佳等因素，决定了当地可供种植的特色农产品的种类较为单一，发展多种品种共同搭配的特色产业格局面临较大的压力。

从交通环境和条件来看，叶城县处于喀什地区南部边缘，地理位置较为偏远，远离喀什国际机场、喀什经开区（综保区）以及以喀什到红其拉甫口岸公路为轴线的中巴经济走廊核心地带，仅能通过公路和铁路运输连通喀什、和田等地区中心城市。该县虽然也拥有国境线，但因为自然地理条件和地缘政治等因素，并没有开设可供大规模边贸的国门和口岸。偏远的地理位置决定了在吸引外来资金、技术走进来以及本地商品走出去的过程中，该县会面临成本偏高等现实问题，在一定程度上将减弱全县企业参与市场竞争与合作的相应优势。

（2）产业发展的成果依然有限

全县可供使用的农业用地本来就十分有限，加上土地流转规模小，全县土地流转率仅为8%，因此为农业的集约化、规模化生产可提供的土地资源相对有限。总体来看，除了作为特色产业的核桃种植已经初步呈现出了一定规模之外，其余的农业生产行业基本上仍然是以农户的小散经营为主。农业规模化、集约化、产业化仍然维持在较低的发展水平，在很大程度上制约了产业的可持续发展壮大。

多数特色产业仍然存在"散、小、弱"的问题，种植效益较低，农产品除核桃、畜牧养殖产业外，其他产业规模较小，比如庭院经济中发展的蔬菜、水果种植品种多、规模小，集聚效应难以显现，产业带动能力不强。农村电商服务点覆盖率低，农民参与电商产业程度低，电子商务对产业带动及农民增收作用不明显。此外，相比喀什地区的其他县市，叶城县仍然广泛存在着生产与销售衔接不畅通的问题。生产基地、产品加工、流通营销各环节衔接不充分，导致产销脱节，农产品价格波动幅度较大，抵御市场风险的能力较弱。受制于这些现实因素的掣肘，全县农业的整体产业化水平较低。大部分企业规模小、装备差，组织化程度和规模经营管理水平低，农产品精深加工能力弱，缺乏农副产品加工骨干企业，导致产品附加值不高，产业链短，存在有样品无产品的情况。农业的产业化发展虽然在现阶段有效解决了居民的增产增收问题，有效拉动了扶贫与发展，但如果不妥善解决其当前存在的规模与效益仍然显著偏弱的问题，未来在支持当地社会经济发展的进程中，恐难以可持续地发挥相应的支撑作用。如果这种带动与支撑作用被弱化，则居民维持持续增产增收的能力可能会受到影响，而且部分实力较弱、工作稳定程度较差的居民，有可能会因为受到波及而重新返贫。因此，如何结合叶城县当地自然环境相对较差的实际情况，深挖特色产业的其他附加价值，走出一条适合当地发展需求的产业发展道路，成为当地在夺取实现全面小康决定性胜利的过程中，所必须面对和着手解决的现实性问题。

3. 叶城县破除发展瓶颈的主要举措

在推进扶贫发展的过程中，以核桃为主的特色产业种植是全县主要的经济增长点。因此，如何妥善处理特色产业种植与其他农作物，特别是保障居民的基础粮食作物的种植和其他经济作物的种植，成为全县改良与优化农作物种植的重要着眼点。此外，继续按照市场要求，深入推进本地产业调整与人才培养的供给侧改革，也成为破除发展瓶颈的主要施政重点。

（1）处理好特色作物与其他农作物种植的关系

叶城全县目前拥有 7.6 万公顷可耕地，其中 73%左右的土地被用于发展林果经济。而在林果经济的土地使用指标中，作为拳头特色产业的核桃种植目前只占到 60%左右。这种土地分配比例表明，在坚持发展核桃种植业的同时，其他土地资源在当地社会经济发展中的作用也不能被忽视。换言之，在保证核桃种植业稳定发展的同时，也不能忽视其他作物的相应种植。为保证全县的农业生产能够具有较强的抵抗病虫害、自然灾害以及市场需求波动的风险，核桃种植的扩张规模应控制在一定的范围，同时为其他经济作物或者粮食作物的种植与培育，预留一定的发展空间。从目前全县的核桃种植业的发展情况来看，大部分的核桃树都进入丰产期，过于茂盛的枝叶往往遮盖了树下的阳光。在全县可耕地大量推行核桃树与林下作物套种的模式下，为追求核桃产量而不断向核桃树种植优先倾斜资源的发展模式，往往导致林下作物因无法获取足够的养分和阳光，而难以健康生长。与此同时，林下作物对养分和水分的需求，也在一定程度上争抢了核桃树正常生长所需要的自然资源，从而影响核桃树结果的正常品质。有鉴于此，为确保核桃种植产业与林下经济的协调发展，在坚持套种模式的前提下，应该逐步推动实施林下的休耕政策。近年来，叶城县也逐步意识到了农业种植中的两大方面争抢自然资源导致的严重问题，并逐步开始推动休耕政策，其中 2018 年安排休耕 1330 公顷，2019 年安排休耕 1000 公顷。但相比全县核桃种植约 5.7 万公顷的总面积来说，目前的休耕比例仍然严重偏低。如不能妥善地处理好两者之间的无序竞争关系，则很有可能导致拳头产业和其他种植业都受到不利影响。因此，在推进种植结构调整和优化的过程中，应结合土地休耕工作的开展，确保不同种植结构能够更为合理地分配有限的自然资源，使经济效益能够得到更好的产出。

（2）继续发挥产业发展的扶贫带动作用

从全县三大产业的发展现状来看，依靠本地的特色林果经济发展，逐步构建起适应现代市场需求的产业发展格局，仍然是现阶段助推扶贫的第一动力。因此，应从三大产业不断实现优化和联动的视角，来持续构建本地的现代产业格局。具体来看，在第一产业方面，全县将进一步健全完善新型农业经营主体与贫困户联动发展的利益联结机制，加快培育一批能带动贫困户长期稳定增收的特色产业；深入推进特色林果业提质增效工程，鼓励企业引进先进设备和加工技术，开发适销对路的精深加工产品，提高果品综合加工利用率和附加值。在确保本地种植结构调整稳定推进的过程中，持续做大做强核桃种植的品牌。在第二产业方面，全县将进一步加快农产品加工业发展，积极培育产业化龙头企业；建设或入驻卫星工厂，或者以之为基础的扶贫车间，为贫困户提供职业技能培训和实现就地就近就业创造条件。在第三产业方面，全县将加快建立村级电商服务点、乡级电商服务站、县级电商服务中心，把电商服务站点建设作为带动产业发展的有力举措来抓，做到早建早收益。

（3）不断强化对居民的电商技能培训

为适应现代产业的发展需求，全县将进一步加大对本地居民的专业技能培训力度，不断增强居民在适应现代产业落地与壮大的过程中，找到稳定工作岗位的能力。下一步，全县将进一步加强与各级农业、畜牧业、林业部门以及高校科研院所的联系，发挥其专业优势，结合当地贫困户的实际需求，开展种养加技术巡回培训；利用好当地的"技术能人"和"土专家"，采取聘用技术专家或企业提供技术服务的形式，开展种、养、加相关技术培训和分类指导，帮助农民尽快掌握符合市场需求的庭院种、养、加等生产技术，注重培育"精品意识"，培养造就一批有文化、懂技术、会经营的新型职业农民。只有当全县在各类培训中真正为产业的落地和发展储备了充足的人才资源，政府的引导以及企业的参与才能真正通过本地居民的劳动技能，转化为增产增收的强大动力。

（二）叶城县扶贫发展的突出成就

自 2014 年精准扶贫开启以来，叶城县立足于本地农业生产发展相对落后，地理位置相对偏远，自然环境相对脆弱的实际情况，一手大力推进本地农业生产从传统落后的粗放式农牧业，向现代化、集约化、高效化的现代农业转变，并且逐步培育出以核桃种植、加工、销售为龙头，其他粮食作物、经济作物种植相配合的产业发展格局，初步奠定了当前全县经济社会发展的总体脉络，另一手推进居民易地搬迁，将居住在自然环境相对恶劣地区的居民逐步搬迁到自然条件相对较好或者自然环境承载能力相对较强的地区，并辅之以生产资料再分配或就业培训与安排，使居民在迅速摆脱致贫的自然限制之后，能够迅速找到重启生产生活的相应条件。这两大措施不仅是推动叶城县在过去五年中取得稳定发展脱贫成就的压舱石，也是继续主导全县以改革破除发展瓶颈的主要思路，为2020年顺利实现全县的脱贫摘帽，奠定了坚实的基础。

1. 打造核桃全产业链：小坚果做出扶贫发展大文章

扶贫发展工作开展以来，叶城县通过大力发展特色林果、短平快家禽养殖等特色产业，真正实现了农牧民腰包鼓起来，居住环境大变样。通过整村推进项目的实施，昔日的乡村旧貌换新颜，一幢幢新建的安居富民房格外醒目，农牧民生产生活条件得到了极大改善。在发展本地特色产业拉动农牧民脱贫增收的过程中，核桃产业的异军突起格外令人瞩目。经过长期不懈的培育与打造，叶城的核桃产业已经率先崛起为叫响整个喀什地区、新疆，甚至是全国市场的特色品牌。叶城在厚植本地核桃种植的同时，不断围绕核桃的加工、销售、品牌打造等方面大做文章，吸引和带动了一系列配套产业在当地的落地生根，用核桃经济在新疆以及中国经济版图上画下了自己的位置，走出了一条用小坚果撬动大变革的特色扶贫发展道路。

截至 2019 年年底，叶城县的核桃种植总面积接近 6 万公顷，年产量接近 13 万吨，核桃带来的直接收入占到全县人均收入的 40% 左右。在叶城全县 55 万人口中，就有 30 万农民、农民工、电商从业者围绕核桃种植、管护、采摘、加工、销售等各个链条上的奋斗者，覆盖到一、二、三产业各个领域。目前，叶城已经成为新疆全区核桃面积种植最大，配套产业最为健全的县，享有"中国核桃之乡"的美誉。毫无疑问，在特色林果业已逐步成为叶城县各族农民全面建成小康社会的支柱产业的过程中，核桃已成为农民脱贫致富的最大的"摇钱树"，是铸就全县扶贫发展的拳头产品。

从历史上看，叶城县与核桃有着悠久的渊源，当地居民也有着种植核桃的历史传统。在叶城县萨依巴格乡 17 村，目前仍然存有多棵古老的核桃树，据科学考证树龄已经超过 1600 年，是我国当前发现的最古老的核桃树群。这些核桃树经历了漫长的岁月依旧枝叶繁茂，年复一年地生长、结果，不仅是叶城县先民种植核桃的历史佐证，也为当前叶城县依托核桃种植探索扶贫发展的道路，提供了现实可行的思路和资源。从 20 世纪 90 年代开始，历届叶城县委县政府不动摇、不折腾、不懈怠，一任接着一任干、一张蓝图绘到底，大力推行核桃在田间建园式发展，实现规模化发展，将先民在历史上种植的核桃，作为本地发展的一个重要着力点，初步奠定了核桃在全县农作物种植和特色农产品培育中的优势地位。自2010年以来，县委确立的走精品、高产、高端的发展路子，通过引进嫁接外来优良品种，加强除病虫害等多个方面的先进技术，逐步推动全县原有的核桃种植由单纯追求面积的规模化，向全面提质增效转变。2014年以后，核桃种植被确定为叶城优先发展的特色产业，作为拉动全县扶贫发展的重要内生动力。通过确立"稳定面积、提质增效"的产业发展思路，全县扎实推进走精品、高产、高端发展路子，依托上万公顷的核桃种植面积，大力培育扶持龙头企业，引进美嘉等一批核桃加工企业，形成了县有龙头、乡有基地、村有合作社的产业规模，构建了一产带动二产，二产刺激三产，三产反哺一产的良性互动局面，落地各乡镇、各村的核桃加工产业也尽可能做到对核桃价值的"吃干榨净"。在以核桃为中心的带动下，很多之前曾受到传统农牧业落后生产方式制约的贫困群众，纷纷走上了在现代产业中谋求重新就业的道路。在这种用发展的方式解决贫困的过程中，全县近一半的人口直接或间接从事与核桃产业相关的行业，特别是核桃的种植、管护、加工、采摘、销售成为居民就业的主要领域。随着与核桃密切相关的各产业带动居民增产增收的效益日益明显，核桃这个曾经一文不名的小坚果,成为叶城农民脱贫增收的重要支撑。经过 2014—2019 年的不懈努力,全县基本实现以核桃为支点的一、二、三产业融合发展,核桃带动下的产业链日益完整,全县落地近十家专业化的核桃加工企业,160 多家乡村合作社基本实现对各村镇核桃种植的全覆盖,近 10 万吨的加工开发能力可以基本应对全县核桃的产量。区域化布局、规模化发展、标准化生产、集约化经营、产业化开发、品牌化营销格局的初步形成,为进一步放大核桃产业在全县发展扶贫事业中所发挥的作用,提供了坚强的保障。

(1)带动贫困户增产增收

核桃产业大发展最直接的表现,是带动了贫困户的增产增收。无论是核桃种植业本身的不断提质增效,还是附带的上下游产业的不断落地,最直观的变化是给当地创造的就业机会不断增多。就业机会的日益丰富,为贫困户通过实现稳定就业而摆脱贫困,提供了宝贵的契机。根据全县的统一规划,核桃产业的发展,被确定为扶贫的主要抓手,是实现贫困群众不愁吃、不愁穿的物质保障。

近年来,叶城县全面践行产业是扶贫之本的理念,通过在核桃产区建立"乡村扶贫工厂",由龙头企业或者合作社来运营,以"乡村扶贫工厂 + 贫困户"联动的模式,实现"产业 + 就业"双增收。"乡村扶贫工厂"通过为贫困户提供专项的农资资金，以及开展核桃修剪、嫁接、病虫害防治、施肥等方面的对口技术支持，一方面充分提高农户参与核桃种植或投身于与核桃相关的产业的积极性，另一方面确保核桃品质的不断提升，产量不断提高。同时，"乡村扶贫工厂"还和参与对口合作的贫困种植户签订合作协议，以市场价每吨500多元的价格，对口收购他们种植的核桃产品。这种稳定的合作关系，有效增加了农民收入，为吸引大批贫困户投身于核桃产业，提供了良好的示范效应。除去鼓励政策之外，"乡村扶贫工厂"本身也是为贫困户提供就业机会的主要平台。工厂在收购合作对象种植的核桃之后，需要立刻开展核桃去青皮、清洗、烘干、分级、破壳、取仁等初加工工序。这些工序均属于对技术要求相对较低，需要大量普通劳动力从事的行业。也正是由于这些工作的门槛相对较低，因此可以为当地提供大量的就业机会，可以有效吸引贫困户在家门口就近就业，通过延伸核桃产业链让贫困户进一步增加收入。这些工作通常都是在核桃丰收之后开展，因此并不会在时间上与贫困户种植核桃或者其他农作物相冲突，反而是在农闲时候为开发和利用乡村剩余劳动力，提供了有利的契机。事实上，很多贫困户都是采取一方面与"乡村扶贫工厂"开展合作，在工厂的支持和指导下，对口种植工厂所需要的核桃，另一方面在核桃丰收和工厂收购之后，选择到工厂打工，从事核桃剥皮、清洗等相关工作。其他一些贫困户还可以借助电商平台或者物流公司，从事核桃产品的销售与运输工作。等于很多贫困户可以借助每年的核桃产业的发展，从事两份到多份与核桃产业相关的工作，获得多份工资收入，为解决脱贫或者返贫问题，提供了现实可行的途径。为了持续强化扶贫工厂对当地居民就业的带动作用，县里在推进项目落地核桃产区的过程中，除考虑各村核桃树种植数量多寡之外，还结合各村贫困户的数量，统筹考虑厂区建设的具体位置。确保厂区位置能够在核桃资源与贫困户分布之间取得一个平衡，让更多的贫困户可以便捷地将对口种植的核桃运往厂区的同时，保证贫困户能够真正实现在家门口的厂区里就业。通过将初加工环节放到老百姓家门口，扶贫厂区的成批建设投产也不断增强了当地居民对不同品质的核桃进行分级分类的意识，彻底改变了过去外地散户来收购时以品质不佳为借口的恶意压价行为，确保大部分品质正常的核桃都可以按照正规的市场价进行销售，让丰产不丰收的现象一去不复返，显著提升了核桃产业的经济效益和社会效益，让产业升级与转型的红利更多地留在当地，使之能够切实转化为带动当地扶贫的不竭发展动力。

核桃种植、加工以及其他配套产业的落地与发展，给当地居民带来了现实的利益。特别是开设在各村庄的"乡村扶贫工厂",因切实带动了当地居民的增产增收,而广受群众特别是贫困户的追捧。以叶城县的夏合甫乡为例,该乡镇此前属于全县贫困户较为集中分布的地带,土地资源较为零散且品质不高,大多数居民主要从事小规模粮食或经济作物种植。部分居民虽然种的有核桃树,但规模和产量较小,不仅经济效益不明显,而且对其他居民的示范和带动作用较弱。自 2016 年以来,随着主打核桃产业的"乡村扶贫工厂"的进驻,情况开始发生翻天覆地的变化,不仅核桃种植的面积开始逐年增长,而且经济效益也在稳步提升。在愿意投身于核桃产业的当地居民之中,贫困户所占的比例越来越大。以夏合甫乡建档立卡的贫困户为例,买提努尔·马木提曾经是叶城县的一名建档立卡的贫困户。2018 年在"乡村扶贫工厂"叶城县丰源农产品开发有限公司提供的资金支持和技术指导下,开始参与核桃种植,并且当年就通过对口的核桃收购协议,卖出了丰收的全部核桃,净获利达到 2 万多元。核桃丰收之后,他本人并没有闲着,而是到丰源公司的"乡村扶贫工厂"当起了合同工,主要负责核桃粗加工系列工序中的砸核桃的工种。在这个工作岗位上,他本人可以获得每个月将近 2000 元的工资收入。就这样,在以"乡村扶贫工厂"带动的核桃经济中,他在不用出远门的情况下，就分别在自己的庭院中和家门口获得了两份稳定的收入。在核桃经济的带动下，当地有很多像买提努尔·马木提这样的贫困户，仅仅在一年到两年的时间里，就已经具备稳定获得经济来源和收入的能力，完全摆脱了贫困。也正是由于这些贫困户的示范带动作用，依靠核桃可以摆脱贫困，甚至是发家致富，正在成为越来越多的叶城县农户，特别是贫困人口的共识。

（2）发展上下游全产业链

如果说种植核桃以及对核桃产品进行初加工，只是为核桃经济的落地与发展提供了相应的前提基础，那么依靠核桃来带动和发展各种附加和衍生的产业，将核桃产业价值最大化，形成多产业链并行的格局，才是核桃经济发展的重中之重。用当地老百姓的话来说，种核桃、卖核桃并不难，难的是怎么把一个核桃做成"多个核桃"。因此，自核桃种植被确定为叶城县的特色种植产业以来，全县上下一直围绕着如何定位核桃经济的发展方向的难题。为确保核桃能够可持续地支持全县社会经济发展，那么核桃就不能永远只停留在初级农产品的阶段，而是要结合现代市场的不断变化和需求，不断演化出全新的价值，真正做到核桃不只是可以被砸开吃掉卖钱，还能在其他多种渠道带来广泛的经济收益。为真正实现构建完整核桃经济的目标，以核桃为支点发展现代产业成为必由之路。

新疆美嘉食品饮料有限公司是上海援疆重点扶持企业，也是叶城县最大的核桃深加工企业，是当之无愧的行业龙头，也是当地发展核桃经济链条上的最关键一环。自落地叶城以来，美嘉食品在不断强化针对核桃的专业化生产方面狠下功夫，结合当前市场不同消费群体的需求，不断推动自己产品的多样化和专业化水平。他们围绕核桃生产出的核桃乳、核桃油、核桃分心木养神茶、核桃壳活性炭等20多个品种在区内外深受消费者的青睐。根据近中期发展规划，目前公司正在建设全亚洲最大的核桃喷粉塔，进一步加强核桃蛋白粉精深加工，不断提升核桃产值。未来三年，公司将继续着眼核桃深加工，开发核桃多肽、核桃胶囊等新产品。作为叶城当地核桃产品产能最大的企业，美嘉食品目前每年可收购来自"乡村扶贫工厂"和农户销售的核桃总量达到4万吨，随着产能的不断扩张，未来有望收购更多的当地种植的核桃资源。即便以当前的产能来看，公司的核桃产品产量已经占到叶城全县的1/4，年销售产值4.5亿元。企业的快速发展也对当地的贫困户增产增收起到明显的带动作用。截至2019年年底，公司与21家农民专业合作社签订了核桃收购合同，可直接和间接带动2.5万户农户脱贫增收。[1]

---

[1]　相关统计数据来源于《叶城县2019年政府工作报告》。

　　新疆宝隆化工新材料有限公司是一家上海援疆企业，也是全国首家利用核桃青皮中提取单宁酸的专业化生产化工企业。这家公司从核桃青皮中提取单宁酸用于大衣、牛仔裤、皮革等服装类的绿色染料，在江浙一带深受服装企业的欢迎。在以前，核桃青皮只被作为有机肥使用，或者被丢弃。但在新疆宝隆化工新材料有限公司，核桃青皮在这里变废为宝，生产出了单宁酸粉末成品。核桃青皮提取的单宁酸是一种绿色纯天然的染料，其市场价与化工合成的单宁酸持平，但因为它绿色天然，目前在市场上供不应求。目前该产品在皮革鞣制、染色等行业应用广泛，市场及利润前景可观。2018 年，新疆宝隆化工以每公斤一元钱的价格收购核桃青皮 7000 吨，不但使核桃青皮变废为宝，还解决了柯克亚乡、依提木孔乡的 430 名农民就业。由于用核桃青皮制成的单宁酸广受市场欢迎，一经推出，就立刻处于供不应求的状态，因此 2019 年该企业大规模提高收购的总指标，将全年收购的总量定在 6 万吨。为确保原材料稳定供应和积极支持核桃农户增产增收，公司与全县 21 家农民专业合作社以及"乡村扶贫工厂"签订了全面合作协议，对口收购核桃初加工不需要的青皮废料，可直接带动全县 1.5 万户核桃种植户从事核桃精品生产，最大限度地增加了农户、合作社在核桃种植和加工全过程中的收益。宝隆化工的落户及其对核桃加工废料的再开发、再利用，使以核桃为支点的化工企业与食品加工企业形成产品种类和产业结构上的优势互补，在继续做大做强核桃经济的同时，也为全县的产业结构的多元化，提供了宝贵的契机。

除了美嘉食品、宝隆化工之外，目前叶城全县共有 7 家核桃加工企业，涉及林果业的农民专业合作社 165 家，建立各类核桃合作社和销售协会组织 50 个，会员 1700 余人，培养核桃经纪人 3000 余人。核桃加工已实现从青皮到壳、仁的全利用，构建起了完整的核桃产业链，初步实现了对核桃的"吃干榨净"。在推进核桃加工的同时，叶城还着力从精深加工、分级、包装、保鲜、储运等环节积极入手，不断拉长产业链，实现农业资源多层次增值增效，推动产业做大做强，让林果业真正成为农民增收致富奔小康的"绿色银行"。目前，在有关核桃的上下游产业中，除了对核桃的深度加工行业发展迅速之外，核桃的批发销售以及配套的商贸物流，同样也是全县发展的重点推进领域。

2018 年 8 月，新疆果业集团投资 1.2 亿元建设的新疆核桃（叶城）批发交易市场项目开工奠基仪式在叶城县恰尔巴格镇隆重举行，这标志着新疆果业集团南疆收购网之核桃项目正式落地喀什地区。该项目是新疆果业集团继巴旦木和色买提杏基地建设之后，在喀什地区布局的又一林果产业化重点项目。项目规划用地230亩，总建筑面积5万平方米，分为市场交易区、仓储加工区及配套服务区三大功能区。项目建设以国家乡村振兴战略为背景，将依托和发挥喀什地区特色林果资源优势、区位优势和交通优势，借助新疆果业集团的资金、技术、品牌、市场、人才和管理优势，将进一步推动叶城核桃精深加工延伸产业链，提高附加值和流通效率，推动一、二、三产业融合发展，为带动区域经济发挥非常重要的作用。市场建成后将引入新疆林果网电子交易结算系统，打造集农产品仓储物流、电子商务和供应链金融为一体的新型农产品集散中心，力争把新疆核桃（叶城）批发交易市场项目打造成当地农产品流通的一张名片。

2019年11月，新疆核桃（叶城）批发交易市场启动运营，标志着自治区特色农产品疆内收购网框架基本形成，叶城本地的核桃销售和物流体系也正式建成投运。在项目的启动仪式上，新疆果业集团与叶城县签订《核桃产业高质量发展战略合作框架协议》。根据协议，叶城县将继续积极引导辖区内果农不断提高核桃的品质，规范种植，科学管理，扎实做好林果业提质增效工程，为新疆核桃产业可持续发展奠定基础。新疆果业集团将发挥其龙头企业的引领带动作用，在创新研发、技术升级、标准制定等方面加大投资，进一步发展、壮大叶城核桃产业，同时加强在核桃产业方面的布局，延伸产业链，提高产品附加值。在着力解决农产品销售"最后一公里"问题的指导思想的带动下，果业集团按照自治区"打造好品牌，形成好龙头，发挥好优势，带动好发展"的总体要求，力争三年之内织好农林产品收购、销售两张网。在"疆内收购网"建设方面，先后在和田、阿克苏、喀什、吐鲁番、巴音郭楞蒙古自治州等林果主产区、区域交易集散地，布局新建 9 个农林产品仓储加工交易集配中心，新疆核桃（叶城）批发交易市场是建成投运的第 8 个交易集配中心。交易中心的建成投产，标志着叶城县核桃全产业链全部形成，在销售和物流领域落户的企业，将有效地支持和配合在食品加工、化工原材料生产等领域发展的企业，不断夯实县有龙头、乡有基地、村有合作社的产业规模，继续巩固和强化叶城作为新疆全区核桃种植面积最大、总产量最高、产业链最完整的县的优势地位，为叶城县核桃产业驶入快车道奠定坚实的基础。

（3）做大做强特色产业旅游

随着核桃经济越做越强，核桃正在成为全县的金字招牌。在喀什地区各县市分别在借助特色产业发展带动乡村振兴、发展全域旅游，为本地经济社会发展寻找多元化的全新动力的同时，叶城也不甘示弱，依托核桃产业的发展，以农家乐、特色采摘、经贸洽谈、文化会演等多重形势，不断打造带有核桃特色的本地旅游资源和旅游模式。通过搭建以核桃为支撑的旅游品牌，叶城县希望实现"旅游搭台，经济唱戏"的发展模式，一方面更大规模地带动外地客商和投资者前来当地参观、调研，在加强对核桃产业的认知和信任的基础上，找到自己可用的商机，从而实现不断加大对当地产业投资的目的，完成从旁观者到参与者的全面转变，另一方面不断丰富当地居民和外来游客的文化生活，在休闲观光中持续创造全新的消费增长点，不断刺激观光者对于绿色健康农产品和当地特色美食的潜在消费需求，为核桃的销售和品牌建设打开全新的途径。特色产业将为旅游的发展提供充足的养料和丰富的土壤，而旅游产业的不断壮大也将为特色产业的勃兴，提供强有力的支持。旅游与经济社会发展之间的良性互动，为全县大力推进扶贫发展，提供了强有力的抓手和取之不竭的动力。

从 20 世纪 90 年代开始，叶城县认识到打造优势特色产业的重要性，提出了"背着核桃、赶着牛羊奔小康""十万亩、百万株"的发展思路。进入 21 世纪之后，全县坚定了做大做优核桃产业的决心，推广优良品种嫁接改造，实现规模化发展，推动全县的核桃产业不断从规模化向提质增效转变。在发展核桃产业的过程中，一些先行一步的乡村在核桃种植上率先形成了规模，逐步打造出若干个兼具经济价值和观察价值的核桃产业园。正是以这些特色核桃园为基础，当地政府大力鼓励有条件的农户或企业积极参与对种植园的旅游开发，打造出能够适应附近城镇居民的周末休闲生态游以及外地游客的核桃特色观光游的场所。经过多年的不懈努力，核桃经济最为发达的乡镇也通常成为核桃旅游最具特色的地点。通过不断加快推进核桃产业文化建设，叶城县的核桃已经成为一个亮丽品牌，承载着叶城县人民的幸福和未来。小小的坚果在成就全县产业转型升级的同时，也通过农家特色旅游，在喀什地区的旅游业发展的版图上，为叶城书写下了相应的符号与印记。

　　叶城县的萨依巴格乡17村就属于通过核桃种植业起步，逐步发展起成熟的乡村旅游的典型代表地区。近年来，每到一年中的8月、9月核桃成熟和丰收的时节，当地就以"核"香醉人作为地方特色主题，在举行每年一次的农户丰收庆祝的基础上，着手举办当地的核桃节。这个活动原本只是当地农户参加的活动，庆祝的目的也是通过展示核桃种植农户丰收的成果，借以向周边农户推广介绍种植核桃增产增收、脱贫致富的可行性与必要性。后来随着乡村旅游理念的引入，本地农民的表彰、庆祝、示范活动逐步向外来客商、旅游者开放，逐步成为一个以旅游为平台，向外地市场展示和推介当地核桃的重要契机。经过农户们的精心开发，密布着核桃树的种植园被打造成为核桃七仙园，不仅成为全乡镇每年一度核桃节的举办主场地，也成为叶城县核桃生态旅游中最具有代表性的地点之一。除了主办全乡镇的核桃节庆活动之外，全县的大型核桃展销节或者相应的庆祝活动，也通常选择在这里举行。

以 2019 年在当地举行的核桃节庆活动为例，为进一步打造好"瓜果飘香庆盛会，繁花似锦迎宾朋"的核桃节庆主线，当年 8 月，叶城县与萨依巴格乡通力合作，在以 17 村为代表的各行政村的积极筹备下，在核桃七仙园成功举办了以"中国新疆叶城核桃熟了"为主题的庆祝活动，拉开了一年一度的以核桃为主题的节庆活动。

为确保每年举行的核桃节庆活动能够不断办出新意，能够持续保持当地人员举办节庆的积极性和外地客商来参加节庆的新鲜感，组委会不断创新节庆的内容和形式，力图在融合全县、全地区、全自治区甚至是全国的最新发展形势和成果的基础上，让所有参加者能够在分享核桃丰收节日快乐的基础上，全方位地体味核桃经济助推下叶城改革与发展的成果。2019 年紧扣中华人民共和国成立 70 年和叶城县向着 2020 年全面决胜小康发起最后冲刺等时事主题,将歌舞演出以及其他类文艺会演的中心思想聚焦于叶城县农民群众通过核桃产业致富奔小康的喜悦心情,对中国新时代美好生活的赞美之情,对叶城全县顺利完成脱贫攻坚任务的必胜信心,对全县各族干部群众携手奋进共圆中国梦的鞭策。作为节庆的开篇活动,文艺演出收到了良好的效果与社会反响,很多观众与游客都表示,通过当地干部群众精心准备的文艺大餐,能够切实体味到叶城人民致富奔小康的勇气和决心,以及热爱生活、热爱祖国的浓浓的家国情怀。

节庆活动举办主场的地标是当地最大的古核桃树(薄皮核桃树),被称作"中国新疆叶城县核桃七仙园福树"。它所在的七仙园也是平均树龄最长的核桃种植园。在本次节庆活动上,世界上最古老的核桃树以及世界上平均树龄最长的核桃园两项上海大世界吉尼斯纪录进行了揭牌。活动还为亩产分别达到 468 公斤、390 公斤、356 公斤的买买提卡迪尔·吐鲁甫、张拥军、依比布拉·阿布拉三名核桃丰产户进行了表彰奖励。三位农户分别获得了 2019 年度全县核桃种植的一等奖、二等奖、三等奖。在随后举行的核桃拍卖会上,叶城西域果叔电商供应链有限公司以 10 万元拍得今年活动第一杆。20 余家核桃销售企业现场与乡镇签订了核桃收购协议,其中山西汇锦鑫农产品有限公司与叶城西域果叔电商供应链有限公司签订销售合同，涉及 6 万吨的核桃销售订单。2019 年全县的核桃产量继续延续近年来的稳步递增态势，总产量接近 13 万吨，连续 9 年创造历史新高。在仅仅一周的时间内，这 13 万吨核桃产量中的 90% 就已经被 20 家区内外企业订单收购，其中中高品质核桃的收购率基本达到 100%。

很多在农家院落采买和品尝核桃的外地游客表示，以前只听说过叶城的核桃比较有名，对叶城的认识也仅仅是和核桃本身联系在一起。但通过当地举行的核桃节，大家逐步认识到，核桃只是叶城近年来借扶贫谋发展、以发展带扶贫的丰硕成果的集中缩影。通过小小的核桃，大家开始理解叶城不仅是"中国核桃之乡"，而且拥有"金果玉叶、铜铁之城""昆仑第一城"的美誉。分别获得平均树龄最长的古核桃园和年龄最大的古核桃树等世界吉尼斯纪录的七仙园、福树，也是记录叶城县核桃种植悠久历史和核桃种植辉煌成就的历史见证者。大家在对核桃的品鉴和核桃树种植的参观过程中，一方面进一步加深了对叶城核桃质优、丰产、壳薄等特点的广泛认可，另一方面也成为在社交网络上大力推介当地核桃品牌的一个个生动的口碑。凭借旅游带动下的产品推介和销售，叶城核桃获得"国家地理标志保护产品"的荣誉称号，并入选为中央电视台"国家平台计划——广告精准扶贫"项目。

随着核桃产品深度开发以及配套销售、物流分拨等企业的逐步落地，特别是新疆核桃（叶城）批发交易市场和顺丰快递南疆分拣中心于 2019 年建成投运，叶城的核桃旅游将会在更加广阔的维度下充分发挥对核桃产业的宣传作用。依靠电商平台的丰富资源，当地政府、企业和农户将充分开发"网红"带货直播的模式，凭借近年来人们对当地核桃旅游品牌和资源的充分肯定与信任，进一步推动旅游推介与产品销售的相互融合。寓商于旅、寓农于旅的发展模式，将确保核桃旅游在全县决胜小康的进程中，发挥更为积极和主动的支撑与带动作用。

2. 实施易地搬迁："另起炉灶"中谋划扶贫发展

作为南疆的深度贫困县，叶城县的自然条件相对恶劣，环境对于经济社会发展的承载能力相对较弱。除了县城驻地喀格勒克镇及其附近地区位于喀什绿洲的南部边缘地带之外，行政区域内的其他各乡镇和行政村基本位于干旱的塔克拉玛干沙漠腹地或者昆仑山深山区，缺少可耕地和水资源，自然环境恶劣，居民的生活处于深度贫困之中。特别是南部各乡镇位于昆仑山区腹地的行政村，居民与外界的交通联系十分闭塞，在很大程度上仍然过着靠天吃饭的生活。除了住房沿河傍山、建在空间十分有限的平地上之外，居民在旱季仍然需要到附近的雪山融水形成的季节性河流中挑水，以维持日常生活或者规模十分有限且生产方式落后的传统农牧业生产。到了每年 6—9 月的雨季，由于昆仑山上基本没有植被，水土涵养能力较差，一旦遇到大雨，立马会形成山洪泥石流，导致居民的房屋、田地大规模受损，有时候甚至导致人员和牲畜死伤的情况。除此之外，受自然地理条件的限制，山区的行政村难以提供足够的空间来建设诸如卫生所、活动中心、幼儿园等公共服务设施，居民需要享受类似的公共服务，仍然需要长距离跋涉到山区之外的行政村或者乡镇，给日常生活带来了极大的不便。

自精准扶贫开启以来，喀什地区、叶城县以及相关乡镇也积极着手，谋求从增加公共资源配置、产业带动等多个方面入手，但受自然环境的限制，扶贫工作的实际开展面临着成本居高不下，实际效果不尽如人意的情况，整体扶贫发展进度和成果远远落后于同一时期开展精准扶贫的其他地区。为彻底解决"一方水土养不活一方人"的问题，2016 年叶城县委县政府经过系统评估和科学决策，本着从长远助推深度贫困区居民脱贫致富的根本目的，决定实施阿克塔什易地搬迁扶贫项目，从而拉开了易地搬迁扶贫的大幕。经过连续多年的不懈努力，阿克塔什易地搬迁项目取得了良好的社会经济效益，已经成为整个喀什地区乃至整个南疆深度贫困地区易地搬迁扶贫的一面旗帜。

（1）通过搬迁改善生活条件

阿克塔什扶贫搬迁安置区位于叶城县城东北方向22公里，喀什绿洲的东南部边缘，总占地面积3100亩，共耗资8.4亿元，2016年正式开始建设，2017年开始分步建成投用，是目前新疆维吾尔自治区范围内规模最大的易地扶贫搬迁与安置项目。安置区主要负责接收各乡镇位于昆仑山区的深度贫困村庄的建档立卡贫困户的搬迁落户，同时也接受其他乡镇位于沙漠、戈壁等严重缺水或土地资源严重不足等地区搬迁来的贫困人口。从2017年年底开始，从棋盘乡、柯克亚乡、乌夏巴什镇所管辖的山区乡村搬迁出的建档立卡的贫困户3063户，合计13395人陆续落户安置区。各家各户目前都已顺利入住，没有出现拒绝搬迁或者对安置区不满意的情况。在此基础上，全县在2019年继续推进大规模易地搬迁安置工作，完成1440户，合计6154名贫困群众全部搬进安置区内的新家。[①] 为确保搬迁群众的生活真正得到改善，政府在推进安置区的规划和建设全过程中，坚持高标准的统一设计。从外观上来看，安置区建设整齐划一，马路笔直，新房成排，房顶为红色或绛红色，外墙为土黄色，兼顾了美观大方与实用舒适。所有的楼房都是上下两层四户结

---

① 相关统计数据来源于《叶城县2019年政府工作报告》。

构，每栋楼都有独立小院。院子里预留了给居民进行小规模农业种植的土地，房前栅栏进行统一的绿化，栽种柳树、万寿菊等绿植。从居民安置房的内部设施以及配套的公共服务设施来看，整个安置区建设了上下水、电网、道路、燃气等在内的公共服务设施，还配套建设了幼儿园、卫生院、村民活动中心和花园广场等，确保居民在家门口就可以充分享受到各类公共资源。很多乔迁新居的贫困户都表示，政府给大家分配的新房子特别漂亮舒适，而且各项配套设施一应俱全，生病了家门口就能医治，小孩上学、老人养老、日常购物之类的需求，同样在家门口就能解决。过去住在贫困闭塞的山区时，做梦都不敢想象有朝一日能够享受到这么好的生活条件。搬进崭新的安置房里，大家不仅如愿以偿地过上了梦寐以求的城里人的生活，而且增强了努力工作、乐观生活、脱贫致富的信心。

随着易地扶贫搬迁居民的成批迁入，阿克塔什安置区于 2019 年 8 月完成全部计划内的搬迁移民的接收任务。截至 2019 年年底，整个安置区的人口突破 2 万人，已经初步达到小城镇的规模。为了更好地服务在安置区落户的搬迁移民，加强对安置区贫困户脱贫工作的领导，不断推动安置区和易地搬迁扶贫治理体系和治理能力的现代化，经过叶城县政府研究决定，并报请新疆维吾尔自治区人民政府同意后，于 2019 年 12

月正式在阿克塔什扶贫搬迁安置区管理委员会的基础上，设立叶城县阿克塔什镇人民政府。新成立的镇政府将统一行使对安置区的行政管辖和公共服务的职能，这改变了之前管委会需要和安置区土地所隶属的原有乡镇相互沟通、衔接、配合的临时管理体制，使安置区的相关配套工作的推进全面步入正轨。阿克塔什镇的正式成立，标志着叶城县的易地扶贫工作已经取得了圆满的成功。阿克塔什安置区的从无到有，从小到大，从人迹罕至到车水马龙，一系列变化的历程与成果，充分见证和诠释了叶城县易地搬迁扶贫工作从起步到发展，再到全面走向成功的历史进程。

（2）通过就业巩固搬迁成果

"挪出穷窝"只是第一步，如何"走出穷境"才是社会关心、百姓关注的大事。虽然建档立卡贫困户搬出了不适宜社会经济发展的穷乡僻壤，但这些群众今后怎样生活，才是事关扶贫发展大计的中心议题。为了让从昆仑山区以及其他自然环境较差的地区搬迁来的群众真正能够在阿克塔什安居乐业，除了在安置房等硬件设施以及配套的公共服务机构建设上狠下功夫之外，还要妥善解决居民的生计问题。只有两大问题同时得到了解决，搬迁来的居民才能够实现搬得出、住得下的目标，并且在此基础上逐步走向脱贫致富。从经济发展与生产组织的角度来看，易地搬迁带来的最直接问题是居民被迫要放弃原来在山区从事的农牧业生产，尽管其生产方式落后且规模有限，但仍然可以勉强维持居民的生活。在把居民搬迁出原有的聚居地之后，接踵而来的直接挑战是与原有生产资料分离后的居民，如何尽快在安置区重新找到支撑其安居乐业的经济基础。为了解决安置居民的后顾之忧，叶城县不仅着手易地搬迁中居民居住生活的空间位置的变化这一外在的形式，而且高度注重居民生活质量切实发生变化这一内在本质，在推动居民从深度贫困区向安置地搬迁的过程中，推动安置地建设与产业布局和居民就业实现有机结合，让落户在安置区的居民真正实现越搬迁越舒适、越搬迁越富裕的目标。

为了给居民在新环境中生活提供充足的支持，在叶城县委县政府的统筹安排之下，无论是之前的阿克塔什安置区管委会，还是后来成立的阿克塔什镇人民政府，都坚持接收的安置人数与生产资料配给、就业安排相适应的根本原则，一方面从安置区附近的洛克乡、阿克塔什农场清理出一些耕地，或者将部分闲置的土地开发成为耕地，将其分配给搬迁入住的建档立卡贫困户，确保人均能够分配到 2.5 亩地的水平，远高于在昆仑山区人均不到 1 亩地的标准，保障落户的群众能够继续依靠农业种植维持不低于原有水平的生活，另一方面通过预留产业用地以及推动安置区落户居民土地流转的方式，在安置房附近建设相应的养殖小区、大棚，并引导在叶城县投资兴业的部分企业在安置区建设相应的厂区。随着来自棋盘乡、柯克亚乡、乌夏巴什镇的将近 2 万名贫困群众陆续在安置区落户，阿克塔什镇政府对这些贫困户的年龄结构和工作技能掌握程度进行了详细的梳理，确认了其中超过 5000 人具有劳动能力。如何解决这 5000 多人在家门口的就业问题，成为安置区投用以来确保当地经济社会发展的中心工作。截至 2019 年年底，阿克塔什管委会（镇政府）按照搬得出、留得下、能就业、有保障的指导思想，坚持贯彻宜种则种、宜养则养、宜工则工的原则，在公益绿化岗位安排就业一批，在设施农业种植安排就业一批，在乡村车间安置一批，在周边种植大户长短工解决就业一批，在鼓励自主就业方式安排就业一批，确保群众在搬得出、稳得住之后，能够做到有事做、能致富。其中，在安置区通过导入产业发展来增加就业机会，是这个过程中的突出亮点。管委会（镇政府）在安置区共建设了 1300 座拱棚，主要涵盖蔬菜种植、家畜养殖、以核桃为代表的特色农产品培育等方面，可以直接解决 500 多人的就业和创业；同时已经在安置区引进了 7 家工厂，总共能够提供超过 4000 个就业岗位，能够满足建档立卡贫困户至少一人在安置区的家门口实现稳定就业。目前，这些已经投产的厂区涵盖电子组装、纺织服装、手套厂、核桃工厂等行业，共有超过 1800 名建档立卡贫困户在经过相关的职业技能培训之后，顺利进入这些厂区工作。

热孜万古丽一家于 2019 年 1 月搬进安置区的新房居住，目前其本人在离新家不远的一家手套加工厂车间上班。她们一家人以前生活在位于昆仑山的棋盘乡棋盘尤勒村，主要收入来源是 7 亩地和养的牛羊，是建档立卡的贫困户。自从搬进安置区之后，不仅一家人住进了水电暖齐全的安居房，而且都实现了稳定就业，其中她丈夫目前在附近的服装厂上班，公公担任安置区绿化和防风林的护林员。她本人已经在手套厂上班半年有余，经过厂家举行的 1 个月短期培训后，已经能够很好地胜任业主布置的各类工作，目前在厂区负责管理 15 台机器。正是由于家里人纷纷在安置区就业并获得了稳定的收入，她们全家于 2019 年年底正式宣告脱贫。她本人表示，以前在棋盘乡山区生活时，因为土地少，远离城镇，所以工作机会较少，基本赚不到钱；现在不仅住进了新房，而且有了稳定的收入，因此特别感恩政府的扶贫发展政策。她们一家决定响应政府的号召，等打工攒够一定的收入之后，自己也开一家销售叶城特产的店铺，走自己创业的道路。

依比布拉一家原来居住在柯克亚乡的昆仑山区，于 2018 年 10 月搬进安置区新房落户。依比布拉本人由于懂得一点土木工程和牲畜饲养的技术，因而响应政府号召，选择在安置区自主就业。他表示，以前全家在山区就业只有一条出路，就是放牧、种地，而且除了小麦和饲草，其他的大家都不会种。搬到新房后，村里大部分乡邻都成了产业工人，挣钱出路多。在这种局面下，他首先组织了本村的第一个施工队，主要发展村里青壮年参加。由于安置区的土建工程相对较多，加之大家乔迁新房之后也有一定的装修需求，因而施工队的业务量也逐步走高。随着业务越做越大，施工队的参与者也都能获得每月 2000 元左右的稳定收入，不仅大家的工作积极性越发高涨，而且愿意报名参加施工队的当地居民也越来越多。通过施工队带来的收益，依比布拉一家于 2019 年年中就成功实现了脱贫。脱贫后的他并没有满足于现状，而是要继续把业务做大，致力于带动一起搬迁来落户的村里群众共同致富。2019 年年初，依比布拉就承包了 6 座拱棚种植蔬菜，后来又扩大规模到 11 座拱棚。按照平均每座拱棚雇佣 2—4 名维护人员来计算，这些承包的项目总共为当地提供将近 50 个就业岗位。2019 年年底，刨除承包租金、工人工资和其他成本支出，拱棚承包总共为依比布拉带来近 3 万元的净利润，进一步巩固了全家人易地搬迁后脱贫发展的成果。

达吾提一家原来是位于昆仑山脚下的乌夏巴什镇

12 村的贫困户，于 2018 年 11 月随着全村易地搬迁一起落户安置区。他表示，原来的老家在山脚下，那里人多地少，土地环境不适宜种植，一方水土养活不了一方人。老家的房子也只能是住人，别的配套设施基本没有，而且还要担心被夏天的泥石流冲毁。搬迁到安置区后，达吾提一家住进了政府分配的带有院子和小楼房的安置宅院。经过大半年的适应和调整，一家人已经完全适应了新家的生活。年轻人在安置房周边的工厂厂区找到工作并且获得了稳定的收入的同时，年长者还可以在自己的庭院里种植一些庭院经济的基本农作物。到 2019 年 8 月的古尔邦节之时，达吾提家的庭院里已经充满了丰收的喜悦，辣椒、玉米、西红柿、青皮核桃等作物纷纷成熟结果。来此做客串门的亲戚们纷纷对安置区的生活环境表示称赞和羡慕。看着眼前的生活一天天好起来，达吾提家人纷纷表示，政府给分配的房子特别漂亮舒适，而且各项配套设施一应俱全，生病了家门口就能医治，做梦都想不到有一天会住上这样的房子，享受城里人的生活。在新的一年中，大家一定紧跟政府的扶贫发展政策，努力工作、开心生活，用自己的汗水和智慧实现脱贫致富，为叶城全县的全面决胜小康贡献自己的一分力量。

结　语

　　无论是从喀什地区的总体情况着眼，还是以塔什库尔干、叶城两县的个案研究来看，在扶贫发展战略的带动下，"十三五"期间喀什地区 12 个县市的社会经济发展情况不断向好，贫困人口不断减少，各个贫困县市相继摘帽，剩下的四个尚未脱贫摘帽的贫困县也在铆足干劲做最后冲刺，为 2020 年喀什地区全域夺取全面决胜小康的最后胜利，提供了坚实的保障。喀什地区的扶贫发展历程，不仅是所辖各县市实事求是、稳扎稳打，通过实现产业升级转型，推动新旧动能转换，破除长期制约当地经济社会发展与民生进步障碍的过程，也是中央、新疆维吾尔自治区实施区域协调发展，保障民族平等，增进民族融合战略，在基层发展实践中得到充分落实的具体见证。扶贫发展所带来的各个领域统计数据变化的背后，是当地各族群众响应党委、政府号召，用敢为人先的勇气和智慧以及吃苦耐劳的奉献和汗水共同书写下的一个个增产增收、勤劳致富的真实、生动的故事。喀什地区的扶贫发展的内在逻辑与实践成果有力地佐证了这样一个颠扑不破的真理，即中国现阶段面临的各类挑战从本质上来说都是发展问题，全面深化改革助推下的发展才是破解一切难题和障碍的中心抓手。"人权"概念绝不应该是与实践相脱离的抽象、空洞的文字游戏，作为其核心要义的民众生存权、发展权，应该在本概念所论及的国家或社会的具体发展实践中得到真实的践行和有力的保障。在扶贫发展战略的有力带动下，喀什地区经济社会发展欣欣向荣，人民群众安居乐业，发展与改革的实践和成果为各族群众的权益保障，奠定了坚实的基础。事实胜于雄辩，真理不容歪曲，在喀什地区扶贫发展的丰硕成果面前，任何别有用心的国家或外部势力借某个民族"人权"议题大做文章的企图都不会得逞。展望 2020 年，喀什地区的各族干部群众将继续以习近平新时代中国特色社会主义思想为根本指导，只争朝夕、不负韶华，必将夺取全域脱贫的最终胜利，为中国全面决胜小康的恢宏历史巨著贡献绚丽多彩的喀什篇章。

参考文献

《喀什地区 2014 年国民经济和社会发展统计公报》。

《喀什地区 2019 年国民经济和社会发展统计公报》。

《塔什库尔干塔吉克自治县 2019 年政府工作报告》。

《习近平谈治国理政》（第二卷），外文出版社 2017 年版。

《叶城县 2019 年政府工作报告》。

狄巧丽、马爱艳：《新疆疏附县金融扶贫效益影响因素分析》，《塔里木大学学报》2019 年第 1 期。

李小梅：《新疆实施就业惠民工程的实践与思考》，《新疆社科论坛》2017 年第 2 期。

李艳等：《叶城县农村贫困人口脱贫问题研究》，《现代营销》2019 年第 9 期。

任远：《喀什地区农村贫困成因分析及对策建议》，《中共伊犁州委党校学报》2018 年第 3 期。

杨帅：《叶城县产业扶贫基本情况、存在问题及建议》，

《新疆农业科技》2019 年第 3 期。

袁理星等：《新疆喀什地区塔什库尔干县牦牛产业扶贫
　　调研报告》,《中国牛业科学》2020 年第 1 期。

张亚林等：《新疆喀什地区主要植棉县棉花产业现状及
　　科技扶贫工作建议》,《中国棉花》2019 年第 9 期。

赵茜：《论反贫困战略中的扶贫开发——以喀什为例》,
　　《江汉学术》2015 年第 2 期。

邓延庭，法学博士，助理研究员，中国非洲研究院安全研究室副主任，近期智库报告研究成果包括《中国与肯尼亚友好合作》《中国与东非共同体成员国友好合作》等，现为中国非洲研究院承担的新疆智库《"一带一路"倡议下的新疆边贸合作》课题组成员，并先后于 2019 年 11 月和 2020 年 6 月两度赴喀什地区，就当地的边贸发展、产业谋划、对外开放、全域旅游、精准扶贫等议题，进行广泛深入的实地调研，为本报告的完成搜集整理了大量的材料。